DR. OETKER

MODE TORTEN

TUTTI-FRUTTI-TORTE, KARIBISCHER TRAUM, AMICELLI-TORTE, BLUBBERKUCHEN...

DR. OETKER

MODE TORTEN

FRISCH & FRUCHTIG

TUTTI-FRUTTI-TORTE, KARIBISCHER TRAUM,
AMICELLI-TORTE, BLUBBERKUCHEN...

Dr. Oetker Verlag

Vorwort

Das neue Modetortenbuch ist da. Es erwarten Sie viele neue und kreative Torten- und Kuchenideen, wie sie frischer und fruchtiger nicht sein könnten.

Frische, leichte Cremes aus Joghurt, Quark, Schmand oder Buttermilch verbinden sich mit einer Vielzahl von aromatischen Früchten zu köstlichen Torten, die man Ihnen aus den Händen reißen wird.

Und für jeden ist etwas dabei: Wenn es mal schnell gehen muss, wenn die Kinder Kuchenhunger haben, wenn es etwas vom Blech geben soll oder wenn es gern auch einmal mit Alkohol sein darf – hier finden Sie bestimmt die richtige Torte.

Ein Buch voller begeisternder und witziger Kreationen wie Amicelli-Torte, Erdbeer-Joghurt-Rolle, Regenbogentorte, Caipirinha-Torte, Banana-Split-Torte und viele mehr.

Alle Rezepte sind wie gewohnt ausführlich und leicht nachvollziehbar beschrieben, von Dr. Oetker getestet und machen schon beim Zubereiten Spaß.

Abkürzungen

EL	= Esslöffel
TL	= Teelöffel
Msp.	= Messerspitze
Pck.	= Packung/Päckchen
g	= Gramm
kg	= Kilogramm
ml	= Milliliter
l	= Liter
evtl.	= eventuell
geh.	= gehäuft
gestr.	= gestrichen
TK	= Tiefkühlprodukt
°C	= Grad Celsius
Ø	= Durchmesser
E	= Eiweiß
F	= Fett
Kh	= Kohlenhydrate
kcal	= Kilokalorien
kJ	= Kilojoule

Hinweise zu den Rezepten

Lesen Sie bitte vor der Zubereitung – besser noch vor dem Einkaufen – das Rezept einmal vollständig durch. Oft werden Arbeitsabläufe oder Zusammenhänge dann klarer.

Die in den Rezepten angegebenen Backtemperaturen und -zeiten sind Richtwerte, die je nach individueller Hitzeleistung des Backofens über- oder unterschritten werden können. Bitte beachten Sie deshalb bei der Einstellung des Backofens die Gebrauchsanweisung des Herstellers und machen Sie nach Beendigung des Backzeit eine Garprobe.

Zubereitungszeiten

Die Zubereitungszeit beinhaltet nur die Zeit für die eigentliche Zubereitung, die Backzeiten sind gesondert ausgewiesen. Längere Wartezeiten wie z. B. Kühlzeiten sind ebenfalls nicht einbezogen.

Kapitelübersicht

Kapitelübersicht

Tortenideen, die Ihre Gäste wirklich „cool" finden werden.

Kalte Köstlichkeiten

Mini-Windy's-Cassis-Torte

Zubereitungszeit: 35 Min.

Insgesamt:
E: 45 g, F: 296 g, Kh: 153 g, kJ: 16010, kcal: 3828

Für den Boden:
- **150 g Löffelbiskuits**
- **125 g Butter**

Für den Belag:
- **4 Blatt rote Gelatine**
- **150 g Naturjoghurt**
- **100 ml Cassislikör**
- **30 g Zucker**
- **400 ml Schlagsahne**
- **1 Pck. TK-Mini-Windy's Erdbeer-Joghurt-Creme (von Koopmans)**

Zum Garnieren:
- **einige frische Erdbeeren**

1 Für den Boden Löffelbiskuits in einen Gefrierbeutel geben, mit einer Teigrolle zerdrücken und in eine Schüssel geben.

2 Butter zerlassen, zu den Bröseln geben und gut verrühren. Masse gleichmäßig auf dem Boden einer Springform (Ø 24 cm) verteilen und mit Hilfe eines Löffels andrücken.

3 Für den Belag Gelatine nach Packungsanleitung einweichen. Joghurt, Likör und Zucker verrühren. Gelatine ausdrücken, auflösen und mit etwas Cassismischung verrühren, dann unter die restliche Mischung rühren. Sobald die Masse beginnt dicklich zu werden, Sahne steif schlagen und unterheben.

4 Drei Esslöffel der Creme auf dem Boden verstreichen, einen Kranz aus gefrorenen Mini-Windy's auf den äußeren Rand legen. Creme bergartig in die Mitte geben, mit einem Teelöffel Stufen eindrücken. Restliche Mini-Windy's in Scheiben schneiden und Torte damit und mit einigen Erdbeeren garnieren. Die Torte etwa 2 Stunden kalt stellen.

Tipp:
Anstelle von Cassislikör kann auch Himbeer-, Brombeer- oder Johannisbeersaft verwendet werden.

Creolen-Torte

Zubereitungszeit: 45 Min., ohne Kühlzeit

Insgesamt:
E: 69 g, F: 232 g, Kh: 225 g, kJ: 14817, kcal: 3539

Für den Boden:
- **etwa 200 g Löffelbiskuits**
- **40 g Butter**

Für die Creme I:
- **100 g weiche Butter**
- **50 g feine Erdnusscreme oder Nuss-Nougat-Creme**
- **3 EL Ahornsirup**

Für die Creme II:
- **2 Blatt weiße Gelatine**
- **250 g Speisequark oder 200 g Frischkäse**
- **2 EL flüssiger Honig**
- **200 ml Schlagsahne**

Für den Belag:
- **1 Dose Ananasscheiben (Abtropfgewicht 340 g)**
- **1 Pck. Tortenguss, klar**
- **180 ml Ananassaft**
- **70 ml Wasser**

Zum Bestreuen:
- **fein gehackte Pistazienkerne**

1 Von den Löffelbiskuits 70 g (etwa 10 Stück) in einen Gefrierbeutel geben, ihn verschließen und die Biskuits mit einer Teigrolle fein zerbröseln. Butter zerlassen, mit den Löffelbiskuitbröseln vermengen und in einer Springform (Ø 18 cm, Boden gefettet, mit Backpapier belegt) zu einem Boden andrücken. Die Form kalt stellen.

2 Für die Creme I Butter mit Erdnusscreme oder Nuss-Nougat-Creme und Ahornsirup schaumig rühren. Den Löffelbiskuitboden dünn mit der Creme bestreichen, mit einer Schicht Löffelbiskuits belegen und den Vorgang so oft wiederholen, bis Creme und Löffelbiskuits aufgebraucht sind. Dabei sollte die oberste Schicht aus Löffelbiskuits bestehen (ergibt 2–3 Schichten).

3 Für die Creme II Gelatine nach Packungsanleitung einweichen, Quark oder Frischkäse mit Honig gut verrühren. Gelatine auflösen und mit der Quark-Honig-Masse verrühren. Sahne steif schlagen, unter die Quarkmasse heben und die Creme vorsichtig auf den Löffelbiskuits verstreichen.

4 Für den Belag Ananas auf einem Sieb gut abtropfen lassen, Saft dabei auffangen. Die Ringe evtl. halbieren und die Torte mit Ananas belegen. Tortenguss nach Packungsanleitung mit Zucker, Ananassaft und Wasser zubereiten, vorsichtig auf den Ananasscheiben verteilen, dabei evtl. nicht den ganzen Guss verwenden. Die Torte etwa eine Stunde kalt stellen.

5 Den Springformrand mit Hilfe eines Messers lösen und entfernen. Die Torte mit Pistazien bestreuen.

Tipp:
Am besten schmeckt die Torte, wenn sie am Vortag zubereitet wurde; dann lässt sie sich auch besser schneiden.

Rotwein-Heidelbeer-Torte

Zubereitungszeit: 35 Min., ohne Kühl- und Auftauzeit

Insgesamt:
E: 69 g, F: 130 g, Kh: 295 g, kJ: 11783, kcal: 2816

Für den Boden:
- **125 g Halbbitter-Kuvertüre**
- **80 g Cornflakes**

Für die Rotweincreme:
- **4 Blatt weiße Gelatine**
- **150 ml Rotwein oder roter Traubensaft**
- **30 g Zucker**
- **250 ml (1/4 l) Schlagsahne**

Für den Belag:
- **300 g frische oder TK-Heidelbeeren**
- **1 Pck. Tortenguss, klar**
- **1 geh. EL Zucker**

1 Für den Boden Kuvertüre hacken und in einem kleinen Topf im Wasserbad bei schwacher Hitze geschmeidig rühren, Cornflakes unterrühren. Die Masse in eine Springform (Ø 26 cm, Boden und Rand gefettet und mit Backpapier belegt) geben und mit Hilfe eines Löffels andrücken. Den Boden kalt stellen und fest werden lassen.

2 Für die Creme Gelatine nach Packungsanleitung einweichen. Die Hälfte des Rotweins mit Zucker erhitzen (nicht kochen), bis der Zucker gelöst ist. Den Wein von der Kochstelle nehmen und die ausgedrückte Gelatine unter Rühren darin auflösen. Den restlichen kalten Wein dazugeben und die Flüssigkeit erkalten lassen.

3 Wenn die Rotweinmasse beginnt dicklich zu werden, Sahne steif schlagen und die Rotweinmasse unterheben. Die Creme auf dem fest gewordenen Boden in der Springform verstreichen und mindestens 1 Stunde kalt stellen.

4 Für den Belag Heidelbeeren putzen, waschen und abtropfen lassen, TK-Beeren auftauen lassen, Saft dabei auffangen und mit Wasser für den Guss auf 250 ml (1/4 l) auffüllen. Die Beeren auf der Creme verteilen.

5 Aus Tortenguss, Zucker und abgemessener Flüssigkeit nach Packungsanleitung einen Guss zubereiten und auf den Heidelbeeren verteilen. Den Guss fest werden lassen und den Springformrand mit einem Messer lösen und entfernen.

Tipp:
Bereiten Sie den Guss aus 125 ml (1/8 l) Rotwein und 125 ml (1/8 l) Wasser zu.
Statt Heidelbeeren können Sie auch Brombeeren verwenden.

Eistorte mit Zitroneneis

Zubereitungszeit: 25 Min., ohne Trockenzeit für den Baiserboden

Insgesamt:
E: 54 g, F: 151 g, Kh: 688 g, kJ: 18478 kcal: 4414

Für den Baiserboden:
- **5 Eiweiß (Größe M)**
- **200 g Zucker**
- **100 g Puderzucker**
- **20 g Speisestärke**

Zum Bestreichen:
- **150 g Halbbitter-Kuvertüre**

Für die Füllung:
- **750 ml (3/4 l) Zitronen-eiscreme**
- **250 ml (1/4 l) Schlagsahne**

Zum Garnieren:
- **einige Zitronenscheiben (unbehandelt)**
- **etwas Zitronenschale in Streifen (unbehandelt)**

1 Für den Baiserboden Eiweiß mit Handrührgerät mit Rührbesen steif schlagen. Zucker nach und nach hinzugeben. Puderzucker mit Speisestärke sieben und unter den Eischnee ziehen.

2 Die Hälfte davon in einen Spritzbeutel mit mittelgroßer Lochtülle füllen und spiralförmig auf den Boden einer Springform (Ø 24 cm, Boden und Rand gefettet und mit Backpapier begelegt) spritzen, bis der Boden ganz bedeckt ist. Dabei in der Mitte beginnen. Dann drei Ringe als Rand übereinander spritzen.

3 Aus Backpapier einen Kreis (Ø 24 cm) ausschneiden, in 10–12 Tortenstücke schneiden. Diese mit etwas Abstand auf ein gefettetes Backblech legen. Die restliche Baisermasse in einen Spritzbeutel füllen und wellenförmig auf die Dreiecke spritzen. Backblech und Springform auf dem Rost in den Backofen schieben und trocknen lassen.

Ober-/Unterhitze:
etwa 100 °C (vorgeheizt)
Heißluft: etwa 80 °C (nicht vorgeheizt)
Gas: etwa Stufe 1 (nicht vorgeheizt)
Trockenzeit: 2–3 Std.

4 Baiser im ausgeschalteten Ofen erkalten lassen, dann aus der Form lösen und das Backpapier abziehen. Kuvertüre hacken und in einem kleinen Topf im Wasserbad bei schwacher Hitze geschmeidig rühren. Baiserboden und inneren Rand damit bestreichen und fest werden lassen.

5 Für die Füllung Zitroneneiscreme leicht antauen lassen und geschmeidig rühren. Sahne sehr steif schlagen, mit der Eiscreme vermengen und kuppelförmig auf den Boden streichen. Torte bis zum Servieren in das Gefrierfach stellen.

6 Zum Garnieren die Torte vor dem Servieren mit den Baiserstücken belegen und mit Zitronenscheiben und -schale garnieren.

Tipp:
Angetaute und wieder eingefrorene Eiscreme sollten Sie nicht noch einmal einfrieren und möglichst innerhalb eines Tages verzehren.
Den Baiserboden einige Tage vor dem Servieren backen und in einer gut schließenden Dose aufbewahren.
Statt den Baiserboden selbst zu backen, kann auch ein fertiger Baiserboden vom Bäcker verwendet werden.

Amaretti-Eierpflaumen-Torte

Zubereitungszeit: 50 Min., ohne Kühlzeit

Insgesamt:
E: 62 g, F: 267 g, Kh: 380 g, kJ: 18097, kcal: 4324

Für den Boden:
- **50 g Amaretti**
- **100 g Löffelbiskuits**
- **125 g Butter**

Für die Joghurt-Frischkäse-Creme:
- **5 Blatt weiße Gelatine**
- **300 g Vanillejoghurt**
- **200 g Doppelrahm-Frischkäse**
- **Saft von 1 Zitrone**
- **50 g Zucker**
- **1 Pck. Bourbon-Vanille-Zucker**
- **250 ml (1/4 l) Schlagsahne**

Für den Belag:
- **750 g Eierpflaumen**
- **2 Pck. Tortenguss, klar**
- **je 250 ml (1/4 l) Apfelsaft und Wasser**
- **30 g Zucker**

Zum Bestreuen und Garnieren:
- **25 g Amaretti**
- **nach Belieben frische Minze**

1 Für den Boden Amaretti und Löffelbiskuits in einen Gefrierbeutel geben, ihn verschließen und das Gebäck mit einer Teigrolle fein zerbröseln, in eine Schüssel füllen. Butter zerlassen, zu den Bröseln geben und alles gut vermischen. Masse in eine Springform (Ø 26 cm, Boden gefettet, mit Backpapier belegt) füllen und gut andrücken. Die Springform kurz kalt stellen.

2 Für die Joghurt-Frischkäse-Creme Gelatine nach Packungsanleitung einweichen. Joghurt, Frischkäse, Zitronensaft, Zucker und Vanille-Zucker in einer Schüssel verrühren. Gelatine ausdrücken, auflösen, zunächst mit etwas von der Joghurtmasse verrühren, dann unter die restliche Joghurtmasse rühren. Sobald die Masse beginnt dicklich zu werden, Sahne steif schlagen und unterheben. Creme in die Springform auf den Boden geben, glatt streichen und etwa 2 Stunden kalt stellen.

3 Für den Belag die Pflaumen waschen, entsteinen und vierteln. Pflaumen bergartig auf der Tortenoberfläche verteilen. Tortenguss nach Packungsanleitung mit Flüssigkeit und Zucker zubereiten, auf den Pflaumen verteilen. Pflaumen mit leicht zerbröselten Amaretti bestreuen und den Guss fest werden lassen. Die Torte nach Belieben mit frischer Minze garnieren.

Tipp:
Die Torte schmeckt frisch am besten. Soll die Joghurtmasse noch fruchtiger werden, so können 150 g entsteinte Eierpflaumen püriert und unter die Joghurtmasse gerührt werden. Dann benötigt man allerdings statt 5 Blatt 8 Blatt weiße Gelatine.

Tutti-Frutti-Torte

Zubereitungszeit: 45 Min., ohne Kühlzeit

Insgesamt:
E: 38 g, F: 185 g, Kh: 384 g, kJ: 14813, kcal: 3536

Für den Boden:
- **200 g Kokoskekse**
- **100 g Butter oder Margarine**

Für die Füllung:
- **1 Banane**
- **1 Orange**
- **100 g Ananas aus der Dose**
- **375 ml (3/8 l) Multi-vitaminsaft**
- **1 Pck. Pudding-Pulver Vanille-Geschmack**
- **20 g Zucker**

Für den Joghurtbelag:
- **3 Blatt weiße Gelatine**
- **250 g Ananas- oder Maracujajoghurt**
- **200 ml Schlagsahne**
- **1 Pck. Vanillin-Zucker**

Zum Garnieren:
- **1 Banane**
- **1 Karambole (Sternfrucht)**
- **1 Orange**
- **1 Kumquat (Miniorange)**
- **100 g Ananas aus der Dose**
- **1 Pck. Tortenguss, klar**
- **200 ml Saft oder Wasser**

1 Für den Boden Kokoskekse in einen Gefrierbeutel geben, ihn verschließen, die Kekse mit einer Teigrolle zerdrücken und in eine Schüssel geben. Butter oder Margarine zerlassen, zu den Kokosbröseln geben und gut verrühren. Masse gleichmäßig mit Hilfe eines Löffels in einer Springform (Ø 26 cm, Boden gefettet, mit Backpapier belegt) andrücken und kurz kalt stellen.

2 Für die Füllung Obst schälen und würfeln. Aus Saft, Pudding-Pulver und Zucker einen Pudding kochen. Obstwürfel darunter heben und nochmals kurz aufkochen lassen. Pudding leicht abkühlen lassen, dann auf dem Boden verteilen und erkalten lassen.

3 Für den Joghurtbelag Gelatine nach Packungsanleitung einweichen, dann ausdrücken und auflösen. Joghurt in eine Schüssel füllen, zunächst mit etwas von der Gelatinelösung verrühren, dann die Lösung unter die restliche Joghurtmasse rühren. Sobald die Masse beginnt dicklich zu werden, Sahne mit Vanillin-Zucker steif schlagen und unterheben. Joghurtmasse auf dem erkalteten Pudding glatt streichen und die Torte etwa 2 Stunden kalt stellen.

4 Zum Garnieren den Springformrand lösen und die Torte auf eine Tortenplatte setzen. Die Früchte schälen, Banane und Karambole in Scheiben schneiden, Orange filetieren (siehe Ratgeber), Kumquat in Scheiben schneiden und Ananas würfeln. Die Oberfläche üppig mit den Früchten belegen. Tortenguss nach Packungsanleitung zubereiten und mit Hilfe eines Pinsels die Früchte damit bestreichen.

Tipp:
Die Torte kann bereits am Vortag zubereitet werden.
Die Oberfläche kann zusätzlich auch mit Kokosgebäck garniert werden.
Außer den genannten Früchten können natürlich auch Mango, Melone, usw. eingesetzt werden.

Orangen-Butterkeks-Kuchen

Zubereitungszeit: 25 Min., ohne Kühlzeit

Insgesamt:
E: 59 g, F: 167 g, Kh: 284 g, kJ: 12514, kcal: 2989

Für die Füllung:
- **8 Blatt weiße Gelatine**
- **500 g Orangenjoghurt**
- **30 g Zucker**
- **250 ml (1/4 l) Schlagsahne**
- **3 Orangen**

- **200 g Butterkekse**

Zum Verzieren und Garnieren:
- **100 ml Schlagsahne**
- **25 g aufgelöste Halbbitter-Kuvertüre**
- **einige Mini-Schoko-Butterkekse**

1 Für die Füllung Gelatine nach Packungsanleitung einweichen. Joghurt und Zucker in einer Schüssel verrühren. Gelatine ausdrücken, auflösen und zunächst mit etwas von der Joghurtmasse verrühren, dann zur restlichen Joghurtmasse geben und verrühren.

2 Sobald die Joghurtmasse beginnt dicklich zu werden, Sahne steif schlagen und unterheben. Orangen schälen, filetieren (siehe Ratgeber), einige Filets zum Garnieren zurückbehalten, restliche Filets evtl. halbieren und unter die Creme heben.

3 Eine Kastenform (25 x 11 cm, gefettet) mit Backpapier auslegen. Zunächst eine Lage Butterkekse hineinlegen, mit etwas Creme bestreichen und mit Butterkeksen belegen. So fortfahren, bis die ganze Creme verbraucht ist (etwa 5 Schichten). Die oberste Schicht soll aus Butterkeksen bestehen. Den Kuchen etwa 2 Stunden kalt stellen.

4 Das Gebäck auf eine Platte stürzen und das Backpapier entfernen. Sahne steif schlagen und die Gebäckoberfläche damit verzieren. Den Kuchen nach Belieben mit aufgelöster Kuvertüre besprenkeln und mit Mini-Schoko-Butterkeksen und zurückgelassenen Orangenfilets garnieren.

Tipp:
Der Kuchen kann am Vortag zubereitet werden.
Er schmeckt auch mit anderen Joghurtsorten, dann auch die entsprechende Frucht dazu wählen.
Noch knackiger und interessanter wird der Anschnitt, wenn man Schoko-Butterkese verwendet, dann den Kuchen mit einem elektrischen Messer schneiden.

Erdbeer-Tiramisu-Torte

Zubereitungszeit: 35 Min.

Insgesamt:
E: 69 g, F: 342 g, Kh: 216 g,
kJ: 18256, kcal: 4366

Für den Boden:

- **150 g Cantuccini mit Schokolade**
- **100 g Butter**

Für den Belag:

- **250 g Mascarpone**
- **250 g Magerquark**
- **50 g Zucker**
- **1 Pck. Vanillin-Zucker**
- **250 ml (1/4 l) Schlagsahne**
- **1 Pck. Sahnesteif**
- **250 g Erdbeeren**
- **50 g Cantuccini mit Schokolade**

Zum Verzieren und Garnieren:

- **100 ml Schlagsahne**
- **einige Erdbeeren (mit Grün)**
- **Zitronenmelisse**
- **30 g Cantuccini**

1 Für den Boden Cantuccini zerkleinern (am besten mit einem großen Messer fein zerhacken), mit aufgelöster Butter vermengen und in eine Springform (Ø 24 cm, Boden gefettet, mit Backpapier belegt) füllen. Die Masse fest zu einem Boden andrücken und kalt stellen.

2 Für den Belag Mascarpone, Quark, Zucker und Vanillin-Zucker verrühren. Sahne mit Sahnesteif steif schlagen und unterheben. Ein Viertel der Creme auf den Boden streichen.

3 Erdbeeren waschen, abtropfen lassen, entstielen, evtl. halbieren (3 große Erdbeeren zurücklegen) und darauf verteilen.

4 Cantuccini zerkleinern, auf die Erdbeeren streuen, restliche Creme darüber streichen und mit einem Teelöffel Vertiefungen eindrücken.

5 Zurückgelegte Erdbeeren pürieren, in einen Gefrierbeutel füllen, eine kleine Ecke abschneiden und die Tortenoberfläche fein mit Püree besprenkeln.

6 Zum Verzieren und Garnieren Sahne steif schlagen, einen Ring aus Tuffs auf die Torte spritzen und mit halbierten Erdbeeren (mit Grün), Zitronenmelisse und Cantuccinibröseln bestreuen. Die Torte bis zum Servieren kalt stellen.

Tipp:
Am besten frisch verzehren.
Schmeckt auch mit Brombeeren.

Eisschokolade-Torte

Zubereitungszeit: 45 Min., ohne Gefrierzeit
Backzeit: etwa 15 Min.

Insgesamt:
E: 49 g, F: 294 g, Kh: 273 g, kJ: 17238, kcal: 4122

Für den Biskuitteig:

- **2 Eier (Größe M)**
- **50 g Zucker**
- **1 Pck. Vanillin-Zucker**
- **50 g Weizenmehl**
- **½ gestr. TL Backpulver**

Zum Bestreichen:

- **50 g Halbbitter-Kuvertüre**

Für den Belag:

- **250 ml (¼ l) Schlagsahne**
- **2 Pck. (je 12,5 g) Jacobs Cappuccino Chocolata®**
- **1 geh. TL Kakaopulver**
- **50 g Baiser**
- **50 g Vollmilchschokolade-Waffelröllchen**
- **250 ml (¼ l) Schlagsahne**
- **1 Pck. Bourbon-Vanille-Zucker**

Zum Verzieren und Garnieren:

- **250 ml (¼ l) Schlagsahne**
- **1 Pck. Sahnesteif**
- **1 Pck. Vanillin-Zucker**
- **50 g Vollmilchschokolade-Waffelröllchen**
- **etwas Kakaopulver**
- **evtl. einige frische Himbeeren, Johannisbeeren oder Brombeeren**

1 Für den Teig Eier in eine Rührschüssel geben und mit Handrührgerät mit Rührbesen auf höchster Stufe in 1 Minute schaumig schlagen. Zucker und Vanillin-Zucker mischen, in 1 Minute einstreuen und noch etwa 2 Minuten schlagen. Mehl mit Backpulver mischen, auf die Eiercreme sieben und auf mittlerer Stufe kurz unterrühren. Teig in eine Springform (Ø 26 cm, Boden gefettet, mit Backpapier belegt) füllen und auf dem Rost in den Backofen schieben.

Ober-/Unterhitze:
etwa 180 °C (vorgeheizt)
Heißluft: etwa 160 °C (vorgeheizt)
Gas: Stufe 2–3 (vorgeheizt)
Backzeit: etwa 15 Min.

2 Den Boden aus der Form lösen und auf einem Kuchenrost erkalten lassen.

3 Zum Bestreichen Kuvertüre in einem kleinen Topf im Wasserbad bei schwacher Hitze geschmeidig rühren. Boden auf eine Tortenplatte legen, mit der Kuvertüre bestreichen und einen Tortenring darumstellen.

4 Für den Belag Sahne steif schlagen, Jacobs Cappuccino Chocolata® und Kakao unterrühren und die Masse auf dem Boden glatt streichen. Baiser und Waffeln etwas zerbröseln und auf der Sahnemasse verteilen. Sahne und Vanille-Zucker steif schlagen und vorsichtig auf den Bröseln glatt streichen. Die Torte über Nacht in das Gefrierfach stellen.

5 Torte aus dem Gefrierfach nehmen und den Tortenring mit einem heißen Messer lösen und entfernen. Sahne mit Sahnesteif und Vanillin-Zucker steif schlagen, mit der Hälfte davon den Tortenrand dünn bestreichen, die restliche Sahne in einen Spritzbeutel mit Sterntülle füllen und die Tortenoberfläche damit verzieren. Die Torte mit Waffeln garnieren und nach Belieben mit etwas Kakao bestäuben oder mit frischen Früchten garnieren.

Tipp:
Die Torte mindestens 1 Stunde vor dem Verzehr aus dem Gefrierfach nehmen.
Sie lässt sich gut mehrere Tage vorher zubereiten.
Soll die Torte eine fruchtige Note bekommen, so kann zusätzlich etwa 150 g Obst eingeschichtet werden.

® Registered trademark of Kraft Foods

Erdbeer-Quark-Torte mit Honigpops

Zubereitungszeit: 35 Min., ohne Kühlzeit

Insgesamt:
E: 78 g, F: 204 g, Kh: 370 g, kJ: 15771, kcal: 3772

- **200 g Honigpops**
- **6 Blatt weiße Gelatine**
- **250 g Speisequark**
- **500 g Naturjoghurt**
- **125 g Zucker**
- **250 ml (1/4 l) Schlagsahne**
- **500 g Erdbeeren**

1 Einen Tortenring (Ø 22 cm) auf eine Tortenplatte stellen und ein Drittel der Honigpops darin verteilen.

2 Gelatine nach Packungsanleitung einweichen. Quark, Joghurt und Zucker verrühren. Gelatine auflösen, mit etwas von der Masse verrühren und dann unter die restliche Quark-Joghurt-Masse rühren.

3 Sahne steif schlagen und unterheben. Erdbeeren waschen, gut abtropfen lassen, entstielen. Große Erdbeeren halbieren (einige schöne Erdbeeren mit Grün zum Garnieren beiseite legen).

4 Die Hälfte der Quarkmasse vorsichtig auf die Honigpops geben, darauf die Hälfte der Erdbeeren verteilen, dann wieder Honigpops darauf geben.

5 Die restliche Quarkmasse vorsichtig darauf verstreichen und den Rest der Erdbeeren darauf legen.

6 Die Oberfläche mit dem Rest der Honigpops bestreuen und mit den zurückgelassenen Erdbeeren garnieren.

7 Die Torte etwa 2 Stunden kalt stellen. Den Ring vorsichtig mit Hilfe eines Messers lösen, entfernen und die Torte in Stücke schneiden.

Espresso-Torte

Zubereitungszeit : 35 Min., ohne Kühlzeit

Insgesamt:
E: 125 g, F: 297 g, Kh: 332 g, kJ: 19661, kcal: 4698

Für den Boden:
- **300 g Löffelbiskuits**
- **125 g Butter**

Für die Espressocreme:
- **6 Blatt weiße Gelatine**
- **100 ml Espresso oder starker Kaffee**
- **500 g Ricotta-Käse**
- **250 g Sahnequark**
- **100 g Zucker**
- **1 Pck. Bourbon-Vanille-Zucker**
- **250 ml (1/4 l) Schlagsahne**

Zum Garnieren:
- **75 g Vollmilch-Kuvertüre**
- **etwas Kakaopulver**
- **einige Schokostäbchen**

1 Für den Boden von etwa 200 g der Löffelbiskuits mit einem Sägemesser 5 cm lange Stücke abschneiden. Die Reste und die restlichen ganzen Löffelbiskuits in einen Gefrierbeutel geben, ihn verschließen, die Biskuits mit einer Teigrolle zerbröseln und die Brösel in eine Rührschüssel geben. Butter zerlassen und mit den Löffelbiskuitbröseln gut vermischen.

2 Bröselmasse in eine Springform (Ø 26 cm, Boden gefettet, mit Backpapier belegt) geben und mit einem Löffel zu einem Boden andrücken. Löffelbiskuitstücke mit der Rundung nach oben dicht an dicht an den Springformrand stellen.

3 Für die Espressocreme Gelatine nach Packungsanleitung einweichen. Espresso oder starken Kaffee mit Ricotta, Quark, Zucker und Vanille-Zucker verrühren. Gelatine ausdrücken, auflösen, zunächst mit etwas Ricottamasse verrühren, dann zur restlichen Ricottamasse geben. Sobald die Masse beginnt dicklich zu werden, Sahne steif schlagen und unterheben.

4 Creme in die Springform füllen, dabei darauf achten, dass die Löffelbiskuits aufrecht stehen bleiben. Mit Hilfe eines Teelöffels Vertiefungen in die Oberfläche drücken. Torte etwa 2 Stunden kalt stellen.

5 Zum Garnieren Kuvertüre in einem kleinen Topf im Wasserbad bei schwacher Hitze geschmeidig rühren, auf eine Platte gießen und wieder fest werden lassen. Mit einem Spachtel breite Schokoladenlocken abschaben. Torte vor dem Servieren mit Kakaopulver bestäuben und mit den Schokoladenlocken und Schokostäbchen garnieren.

Tipp:
Die Torte kann bereits am Vortag zubereitet werden.
Soll die Torte fruchtiger sein, kann auf den Boden erst eine Schicht gut abgetropfter Sauerkirschen verteilt werden. Dann kann die Oberfläche auch zusätzlich mit Sauerkirschen garniert werden.

Frühlingstraum

Zubereitungszeit: 60 Min., ohne Kühlzeit

Insgesamt:
E: 57 g, F: 204 g, Kh: 343 g, kJ: 15020, kcal: 3587

Für den Boden:
- **200 g Löffelbiskuits**
- **100 g Butter**

Für die Füllung:
- **750 g Rhabarber**
- **100 g Zucker**
- **250 g Erdbeeren**
- **60–80 g Speisestärke**

Für den Belag:
- **250 ml (1/4 l) Schlagsahne**
- **1 Pck. Sahnesteif**
- **250 g Sahnequark**
- **2 Pck. Vanillin-Zucker**
- **Saft von 1 Zitrone**

Zum Garnieren:
- **1 EL gesiebter Puderzucker**
- **1 TL gehackte Minzeblätter**
- **1–2 EL geröstete, gehobelte Mandeln**

1 Für den Boden Löffelbiskuits in einen Gefrierbeutel geben, ihn verschließen und die Biskuits mit einer Teigrolle zerbröseln.

2 Butter zerlassen, zu den Bröseln geben, gut vermengen und mit einem Löffel gleichmäßig auf dem Boden einer Springform (Ø 26 cm, Boden gefettet, mit Backpapier belegt) verteilen und andrücken.

3 Für die Füllung Rhabarber putzen, evtl. abziehen, in Stücke schneiden, in einem Topf mit Zucker mischen und etwa 15 Minuten durchziehen lassen. Erdbeeren waschen, gut abtropfen lassen, entstielen und vierteln (einige Erdbeeren zum Garnieren beiseite legen). Rhabarber mit dem entstandenen Saft in einem Topf einige Minuten dünsten.

4 Speisestärke mit wenig Wasser anrühren, zum Rhabarber geben und unter Rühren kurz aufkochen lassen. Erdbeeren hinzufügen, mit Zucker abschmecken und das Kompott auf dem Krümelboden verteilen. Torte in den Kühlschrank stellen und Masse erkalten lassen.

5 Für den Belag Springformrand lösen und entfernen. Sahne mit Sahnesteif steif schlagen. Quark mit Vanillin-Zucker und Zitronensaft verrühren und die Sahne unterheben. Creme auf das erkaltete Kompott geben und mit einem Löffel wellenförmig verteilen.

6 Restliche Erdbeeren in Scheiben schneiden, mit Puderzucker und gehackten Minzeblättern vermengen und auf der Torte verteilen. Den Rand der Torte mit Mandeln bestreuen.

Damit begeistern Sie große und kleine Schleckermäuler.

Hits (nicht nur) für Kids

Dachziegeltorte

Zubereitungszeit: 35 Min.
Backzeit: etwa 25 Min.

Insgesamt:
E: 83 g, F: 314 g, Kh: 596 g, kJ: 24695, kcal: 5897

Für den All-in-Teig:

- **150 g Weizenmehl**
- **3 gestr. TL Backpulver**
- **150 g Zucker**
- **1 Pck. Vanillin-Zucker**
- **3 Eier (Größe M)**
- **150 g Butter oder Margarine**

Für die Füllung:

- **500 g frische Sauerkirschen**
- **1 Beutel aus 1 Pck. Götterspeise Kirsch-Geschmack**
- **200 ml Kirschsaft**
- **75 g Zucker**
- **300 g saure Sahne**
- **400 ml Schlagsahne**

Zum Garnieren:

- **300 g Griesson Soft Cake Kirsch**

1 Für den Teig Mehl und Backpulver mischen und in eine Rührschüssel sieben. Restliche Zutaten hinzufügen und alles mit Handrührgerät mit Rührbesen auf höchster Stufe in 2 Minuten zu einem glatten Teig verarbeiten. Teig auf ein mit Backpapier belegtes Backblech mit Backrahmen (22 x 24 cm) geben und glatt streichen. Das Backblech in den Backofen schieben.

Ober-/Unterhitze:
etwa 180 °C (vorgeheizt)
Heißluft: etwa 160 °C (vorgeheizt)
Gas: Stufe 2–3 (vorgeheizt)
Backzeit: etwa 25 Min.

2 Den Boden auf einen mit Backpapier belegten Kuchenrost stürzen, mitgebackenes Papier abziehen. Boden erkalten lassen und einmal waagerecht durchschneiden.

3 Kirschen waschen und entsteinen. Götterspeise mit Kirschsaft nach Packungsanleitung quellen lassen, mit Zucker erwärmen, auflösen und etwas abkühlen lassen. Saure Sahne in eine Schüssel geben und Götterspeiseflüssigkeit unterrühren.

(Fortsetzung Seite 34)

Sobald die Masse beginnt dicklich zu werden, Sahne steif schlagen und unterheben.

4 Den unteren Boden auf eine Tortenplatte legen und Backrahmen darumstellen. Kirschen auf dem Boden verteilen (einige Kirschen zum Garnieren beiseite stellen), dabei etwa 1 cm Rand lassen. Zwei Drittel der Saure-Sahne-Masse darüber verstreichen. Oberen Boden auflegen und restliche Saure-Sahne-Masse darauf verstreichen.

5 Auf die noch weiche Creme die halbierten Soft Cakes legen, die Torte mit den zurückgelassenen Kirschen garnieren (evtl. halbieren) und die Torte etwa 2 Stunden kalt stellen.

Paradies-Kranz

Zubereitungszeit: 35 Min., ohne Kühlzeit
Backzeit: etwa 35 Min.

Insgesamt:
E: 73 g, F: 196 g, Kh: 375 g, kJ: 15397, kcal: 3675

Für den Rührteig:
- **100 g Butter oder Margarine**
- **150 g Zucker**
- **1 Pck. Vanillin-Zucker**
- **3 Eier (Größe M)**
- **150 g Weizenmehl**
- **25 g Speisestärke**
- **2 gestr. TL Backpulver**

Für die Füllung:
- **2 Pck. Paradiescreme Zitronen-Geschmack**
- **2 Pck. Paradiescreme Erdbeer-Geschmack**
- **800 ml Milch**

Zum Bestreichen:
- **200 ml Schlagsahne**
- **1 Pck. Vanillin-Zucker**

1 Für den Teig Butter oder Margarine mit Handrührgerät mit Rührbesen geschmeidig rühren, nach und nach Zucker und Vanillin-Zucker unterrühren. So lange rühren, bis eine gebundene Masse entstanden ist. Eier unterrühren (jedes Ei etwa 1/2 Minute). Mehl, Speisestärke und Backpulver mischen, sieben und portionsweise kurz auf mittlerer Stufe unterrühren. Teig in eine Kranzform (Ø 20 cm, gefettet, gemehlt) füllen und glatt streichen.

Ober-/Unterhitze:
etwa 180 °C (vorgeheizt)
Heißluft: etwa 160 °C (nicht vorgeheizt)
Gas: Stufe 2–3 (nicht vorgeheizt)
Backzeit: etwa 35 Min.

2 Kranz etwa 10 Minuten in der Form stehen lassen, dann auf einen mit Backpapier belegten Kuchenrost stürzen, erkalten lassen.

3 Für die Füllung 2 Päckchen Paradiescreme der gleichen Sorte mit insgesamt 400 ml Milch nach Packungsanleitung aufschlagen. Sorten getrennt in Spritzbeutel mit großer Lochtülle füllen, dabei von jeder Sorte 2–3 Esslöffel abnehmen und in einen Gefrierbeutel füllen.

4 Den Kranz zweimal waagerecht durchschneiden, unteren Boden auf eine Tortenplatte legen, außen und innen einen Erdbeercremering spritzen, die Mitte mit Zitronencreme füllen. Mittleren Boden auflegen. Hier außen und innen einen Ring aus der restlichen Zitronencreme spritzen und die Mitte mit der restlichen Erdbeercreme ausfüllen, mit oberem Boden bedecken. Den Kranz kurz kalt stellen.

5 Sahne mit Vanillin-Zucker steif schlagen und den Kranz rundherum damit bestreichen. Von den Gefrierbeuteln jeweils eine kleine Ecke abschneiden, den Kranz mit der Creme besprenkeln und etwa 2 Stunden kalt stellen.

Göttliche Aprikosentorte

Zubereitungszeit: 45 Min., ohne Kühlzeit
Backzeit: etwa 15 Min.

Insgesamt:
E: 55 g, F: 184 g, Kh: 455 g, kJ: 15814, kcal: 3778

Für Belag und Garnierung:
- **1 Beutel aus 1 Pck. Götterspeise Aprikose-Geschmack**
- **300 ml kaltes Wasser**
- **75 g Zucker**

Für den Biskuitteig:
- **2 Eier (Größe M)**
- **50 g Zucker**
- **1 Pck. Finesse Orangenfrucht**
- **50 g Weizenmehl**
- **½ gestr. TL Backpulver**

- **3 EL Aprikosenkonfitüre**

Für den Belag:
- **500 g reife Aprikosen**
- **1 Beutel aus 1 Pck. Götterspeise Aprikose-Geschmack**
- **200 ml kaltes Wasser**
- **75 g Zucker**
- **1 Becher (150 g) Crème fraîche**
- **100 g Zucker**
- **400 ml Schlagsahne**

1 Am Vortag Belag und Garnierung vorbereiten. Dazu Götterspeise nach Packungsanleitung, aber nur mit 300 ml kaltem Wasser in einem Topf 5 Minuten quellen lassen, Zucker zugeben und erhitzen (nicht kochen lassen). Flüssigkeit in eine flache, kalt ausgespülte Form geben und über Nacht kalt stellen.

2 Für den Teig Eier mit Handrührgerät mit Rührbesen auf höchster Stufe in 1 Minute schaumig schlagen. Zucker und Orangenfrucht mischen, in 1 Minute einstreuen, dann noch etwa 2 Minuten schlagen.

3 Mehl mit Backpulver mischen, auf die Eiercreme sieben und kurz auf niedrigster Stufe unterrühren. Den Teig in eine Springform (Ø 26 cm, Boden gefettet, mit Backpapier belegt) füllen, glatt streichen und sofort backen.

Ober-/Unterhitze: etwa 180 °C (vorgeheizt)
Heißluft: etwa 160 °C (vorgeheizt)
Gas: Stufe 2–3 (vorgeheizt)
Backzeit: etwa 15 Min.

4 Nach dem Backen den Boden aus der Form lösen, auf einen mit Backpapier belegten Kuchenrost stürzen und erkalten lassen. Mitgebackenes Backpapier abziehen, Boden auf eine Tortenplatte legen, einen Tortenring darumstellen und mit Aprikosenkonfitüre bestreichen.

5 Götterspeise vom Vortag aus der Form lösen und auf ein mit kaltem Wasser abgespültes Brett stürzen. 16 kleine Motive, z. B. Blumen, ausstechen und zunächst auf einen mit kaltem Wasser abgespülten Teller legen. Übrige Götterspeise mit einem Messer fein zerhacken. Für den Belag Aprikosen waschen, halbieren, entsteinen und von der Mitte aus auf dem Boden verteilen (Schnittseite nach unten).

6 Götterspeise nach Packungsanleitung, aber mit 200 ml Wasser in einem Topf 5 Minuten quellen lassen und mit Zucker erhitzen (nicht kochen lassen). Crème fraîche mit Zucker verrühren, 3 Esslöffel davon mit der Götterspeiseflüssigkeit verrühren, dann unter die übrige Creme rühren. Creme kalt stellen.

7 Wenn die Creme beginnt dicklich zu werden (dauert etwa 45 Minuten), Sahne steif schlagen und mit gehackter Götterspeise unterheben. Den Belag im Tortenring glatt streichen, Götterspeise-Motive auflegen und die Torte etwa 3 Stunden kalt stellen.

Mini-Dickmann's-Kranz

Zubereitungszeit: 40 Min.
Backzeit: etwa 35 Min.

Insgesamt:
E: 126 g, F: 279 g, Kh: 492 g, kJ: 21762, kcal: 5179

Für den Rührteig:
- **100 g Butter oder Margarine**
- **150 g Zucker**
- **1 Pck. Vanillin-Zucker**
- **3 Eier (Größe M)**
- **150 g Weizenmehl**
- **25 g Speisestärke**
- **2 gestr. TL Backpulver**

Für die Füllung:
- **400 g frische Sauerkirschen**
- **100 g Mini-Dickmann's (Schaumküsse)**
- **500 g Magerquark**
- **25 g Zucker**
- **500 ml (1/2 l) Schlagsahne**
- **2 Pck. Sahnesteif**
- **einige Mini-Dickmann's**

1 Für den Teig Butter oder Margarine mit Handrührgerät mit Rührbesen geschmeidig rühren, nach und nach Zucker und Vanillin-Zucker unterrühren. So lange rühren, bis eine gebundene Masse entstanden ist. Eier nach und nach unterrühren (jedes Ei etwa 1/2 Minute).

2 Mehl, Speisestärke und Backpulver mischen, sieben und portionsweise kurz auf mittlerer Stufe unterrühren. Teig in eine Kranzform (Ø 20 cm, gefettet, gemehlt) füllen und glatt streichen. Die Form auf dem Rost in den Backofen schieben.

Ober-/Unterhitze:
etwa 180 °C (vorgeheizt)
Heißluft: etwa 160 °C
(nicht vorgeheizt)
Gas: Stufe 2–3 (nicht vorgeheizt)
Backzeit: etwa 35 Min.

3 Kranz etwa 10 Minuten in der Form stehen lassen, dann auf einen mit Backpapier belegten Kuchenrost stürzen und erkalten lassen. Dann den Kranz zweimal waagerecht durchschneiden.

4 Für die Füllung Sauerkirschen waschen, abtropfen lassen, entstielen und entsteinen (wenn die Früchte sehr fest sind, sie kurz mit wenig Wasser dünsten). Von den Dickmann's die Waffeln abtrennen und zum Garnieren beiseite legen. Quark mit Zucker verrühren und die Dickmann's-Schaummasse unterrühren. Sahne mit Sahnesteif steif schlagen und unter die Quark-Dickmann's-Masse heben.

5 Unteren Boden auf eine Tortenplatte legen, zunächst dünn mit Quarkcreme bestreichen, dann die Hälfte der Kirschen darauf verteilen, knapp ein Drittel der Creme aufstreichen und mit dem mittleren Boden bedecken. Boden wieder mit etwas Creme bestreichen, restliche Kirschen darauf verteilen (evtl. einige zum Garnieren zurückbehalten) mit knapp der Hälfte der restlichen Creme bestreichen und mit dem oberen Boden bedecken.

6 Den Kranz rundherum mit der restlichen Quarkcreme bestreichen und mit den Dickmann's-Waffeln garnieren. Den Kranz 1–2 Stunden kalt stellen und erst kurz vor dem Servieren mit einigen ganzen Dickmann's garnieren.

Tipp:
Der Kranz kann schon am Vortag zubereitet werden.
Statt frischer Sauerkirschen kann auch ein Glas (Abtropfgewicht 370 g) Kirschen verwendet werden.
Anstelle der Sauerkirschen schmecken auch Aprikosen oder Mandarinen (aus der Dose).

Montelino®-Gebirge

Zubereitungszeit: 40 Min.
Backzeit: etwa 25 Min.

Insgesamt:
E: 70 g, F: 235 g, Kh: 473 g,
kJ: 18578, kcal: 4438

Für den Biskuitteig:

- **3 Eier (Größe M)**
- **125 g Zucker**
- **1 Pck. Vanillin-Zucker**
- **125 g Weizenmehl**
- **25 g Kakaopulver**
- **1 gestr. TL Backpulver**

Für die Füllung:

- **450 g frische Sauerkirschen**
- **1 Pck. Tortenguss, rot**
- **25 g Zucker**
- **250 ml (1/4 l) Kirschsaft**

- **600 ml Schlagsahne**
- **1 Pck. Sahnesteif**
- **10 MONTELINO (von Milka)**

Zum Bestreichen und Garnieren:

- **1 gestr. EL Kakaopulver**
- **einige Montelino®**

1 Für den Teig Eier in eine Rührschüssel geben und mit Handrührgerät mit Rührbesen auf höchster Stufe in 1 Minute schaumig schlagen. Zucker und Vanillin-Zucker mischen, in 1 Minute einstreuen und noch etwa 2 Minuten schlagen.

2 Mehl mit Kakao und Backpulver mischen, die Hälfte davon auf die Eiercreme sieben und auf niedrigster Stufe kurz unterrühren. Den Rest des Mehlgemisches auf die gleiche Weise unterarbeiten. Teig in eine Springform (Ø 26 cm, Boden gefettet, mit Backpapier belegt) füllen und auf dem Rost in den Backofen schieben.

Ober-/Unterhitze:
etwa 180 °C (vorgeheizt)
Heißluft: etwa 160 °C (vorgeheizt)
Gas: Stufe 2–3 (vorgeheizt)
Backzeit: etwa 25 Min.

3 Den Boden auf einen Kuchenrost stürzen, mitgebackenes Papier abziehen und den Boden erkalten lassen. Dann den Boden einmal waagerecht durchschneiden. Den unteren Boden auf eine Tortenplatte legen.

4 Für die Füllung Sauerkirschen waschen und entsteinen. Aus Saft, Tortenguss und Zucker nach Packungsanleitung einen Guss bereiten. Kirschen unterheben und auf dem Tortenboden verteilen, dabei 1 cm Rand frei lassen.

5 Sahne mit Sahnesteif steif schlagen. Die Montelino® grob hacken, unter die Hälfte der Sahnemasse heben und kuppelförmig auf die Kirschen streichen. Den oberen Boden auflegen und an den Rändern gut andrücken.

6 Von der restlichen Sahne einen Esslöffel abnehmen, unter die übrige Sahne den Kakao rühren und die Kuppel rundherum mit der dunklen Sahne bestreichen. Obere Spitze mit der zurückgelassenen weißen Sahne bestreichen, so dass ein großer Montelino® entsteht. Die Torte mit einigen halbierten Montelino® garnieren.

Tipp:
Anstelle von frischen Kirschen können auch Kirschen aus dem Glas (Abtropfgewicht 370 g) verwendet werden.

Johannisbeer-Tupfen-Torte

Zubereitungszeit: 45 Min.
Backzeit: etwa 25 Min.

Insgesamt:
E: 62 g, F: 223 g, Kh: 420 g
kJ: 16936, kcal: 4046

Für den Biskuitteig:

- **3 Eier (Größe M)**
- **90 g Zucker**
- **1 Pck. Vanillin-Zucker**
- **1/2 Pck. Finesse Geriebene Zitronenschale**
- **50 g Weizenmehl**
- **30 g Speisestärke**
- **30 g zerlassene, abgekühlte Butter**

Für die Füllung:

- **400 g vorbereitete rote Johannisbeeren**
- **200 g Zucker**
- **1/2 Pck. Finesse Geriebene Zitronenschale**
- **100 ml Wasser**
- **8 Blatt weiße Gelatine**
- **300 g Naturjoghurt**
- **500 ml (1/2 l) Schlagsahne**

1 Für den Teig Eier mit Handrührgerät mit Rührbesen auf höchster Stufe in 1 Minute schaumig schlagen. Zucker mit Vanillin-Zucker und Zitronenschale mischen, in 1 Minute einstreuen, dann noch etwa 2 Minuten schlagen.

2 Mehl mit Speisestärke mischen, die Hälfte davon auf die Eiercreme sieben, kurz auf niedrigster Stufe unterrühren, den Rest des Mehlgemisches auf die gleiche Art unterarbeiten. Zuletzt die Butter unterrühren.

3 Den Teig halbieren, eine Hälfte in eine Springform (Ø 24 cm, Boden gefettet, mit Backpapier belegt) füllen, glatt streichen und die Form auf dem Rost in den Backofen schieben.

Ober-/Unterhitze:
etwa 200 °C (vorgeheizt)
Heißluft: etwa 180 °C (vorgeheizt)
Gas: Stufe 3–4 (vorgeheizt)
Backzeit: etwa 12 Min. pro Boden

4 Nach dem Backen den Boden sofort auf ein mit Zucker bestreutes Stück Backpapier stürzen und erkalten lassen. Aus der zweiten Teighälfte den zweiten Boden ebenso backen und dann stürzen.

5 Für die Füllung Johannisbeeren mit Zucker, Zitronenschale und Wasser aufkochen, von der Kochstelle nehmen und durch ein Sieb streichen.

6 Gelatine nach Packungsanleitung einweichen, ausdrücken und im noch warmen Fruchtmark unter Rühren auflösen. Fruchtmasse kalt stellen.

7 Sobald die Masse beginnt dicklich zu werden, Joghurt unterrühren. Sahne steif schlagen und zwei Drittel davon ebenfalls unter die Fruchtmasse heben. Restliche Sahne in einen Spritzbeutel mit Lochtülle füllen und in den Kühlschrank legen.

8 Von den Böden das Backpapier abziehen. Einen Biskuitboden auf eine Tortenplatte legen, einen Springformrand darumstellen, zwei Drittel der Fruchtcreme darauf glatt streichen und mit dem zweiten Boden bedecken. Die Oberfläche mit der restlichen Sahne aus dem Spritzbeutel mit Tupfen verzieren, die Zwischenräume mit der restlichen Fruchtcreme ausfüllen und die Torte etwa 3 Stunden kalt stellen.

9 Zum Servieren die Torte mit einem spitzen Messer vorsichtig aus dem Springformrand lösen.

Aranca-Marmortorte

Zubereitungszeit : 40 Min., ohne Kühlzeit
Backzeit: etwa 25 Min.

Insgesamt:
E: 68 g, F: 280 g, Kh: 534 g, kJ: 21251, kcal: 5080

Für den All-in-Teig:

- **125 g Weizenmehl**
- **3 gestr. TL Backpulver**
- **125 g Zucker**
- **1 Pck. Vanillin-Zucker**
- **125 g Butter oder Margarine**
- **2 Eier (Größe M)**
- **50 ml Orangensaft**
- **1 Pck. (125 g) Griesson Soft Cake Minis**

Für die Füllung:

- **1 Pck. Aranca Aprikose-Maracuja-Geschmack**
- **150 ml Wasser**
- **300 g Himbeerjoghurt**
- **1 Pck. Aranca Zitrone-Geschmack**
- **150 ml Wasser**
- **150 g Naturjoghurt**
- **200 ml Schlagsahne**

Zum Bestreichen und Verzieren:

- **200 ml Schlagsahne**
- **1 Pck. Vanillin-Zucker**
- **30 g Kuvertüre oder Kuchenglasur**

1 Für den Teig Mehl und Backpulver mischen, in eine Rührschüssel sieben. Restliche Zutaten hinzufügen und alles mit Handrührgerät mit Rührbesen auf höchster Stufe in 2 Minuten zu einem glatten Teig verarbeiten. Teig in eine Springform (Ø 26 cm, Boden gefettet) füllen und glatt streichen. 12 Soft Cake Minis mit der Schokoladenseite nach unten auf die Teigoberfläche legen (restliche Soft Cake Minis zum Garnieren zurücklegen). Die Form auf dem Rost in den Backofen schieben.

Ober-/Unterhitze:
Etwa 180 °C (vorgeheizt)
Heißluft: etwa 160 °C (vorgeheizt)
Gas: Stufe 2–3 (vorgeheizt)
Backzeit: etwa 25 Min.

2 Boden aus der Springform lösen und auf einem Kuchenrost erkalten lassen.

3 Für die Füllung Aranca Aprikose-Maracuja mit 150 ml Wasser nach Packungsanleitung zubereiten, Himbeerjoghurt unterrühren. Aranca Zitrone ebenfalls mit 150 ml Wasser nach Packungsanleitung zubereiten, Naturjoghurt und steif geschlagene Sahne unterheben.

4 Boden auf eine Tortenplatte legen, Tortenring darumstellen. Zwei Drittel der Zitronenmasse auf den Boden streichen, Aprikosen-Himbeer-Masse darauf verteilen, mit der restlichen Zitronenmasse bestreichen. Mit einer Gabel durch die Schichten ziehen, damit ein Marmormuster entsteht. Mindestens 2 Stunden kalt stellen.

5 Zum Bestreichen und Verzieren Sahne mit Vanillin-Zucker steif schlagen, 3 Esslöffel davon in einen Spritzbeutel mit Sterntülle füllen, restliche Sahnemasse auf der Füllung verstreichen, Torte aus dem Tortenring lösen. Kuvertüre in einem kleinen Topf im Wasserbad bei schwacher Hitze geschmeidig rühren und den äußeren Tortenrand mit Hilfe eines Teelöffels besprenkeln. Mit der Sahne aus dem Spritzbeutel 12 Tuffs aufsetzen und mit den restlichen Soft Cake Minis garnieren.

Tipp:
Wenn die Farbe des Himbeerjoghurts nicht intensiv genug ist, kann etwas rote Speisefarbe hinzugefügt werden, um einen schöneren Kontrast bei der Marmorierung zu bekommen.
Anstatt den Tortenrand zu besprenkeln, kann er auch mit Sahne bestrichen werden.

Regenbogentorte

Zubereitungszeit: 45 Min.
Backzeit: etwa 25 Min.

Insgesamt:
E: 84 g, F: 353 g, Kh: 482 g,
kJ: 23584, kcal: 5637

Für den Schüttelteig:

- **200 g Weizenmehl**
- **3 gestr. TL Backpulver**
- **125 g Zucker**
- **1 Pck. Vanillin-Zucker**
- **3 Eier (Größe M)**
- **100 g zerlassene, abgekühlte Butter**
- **100 ml Milch**

Für die Füllung:

- **100 g rote vorbereitete Früchte, z. B. Himbeeren, Erdbeeren, Johannisbeeren**
- **100 g gelbe vorbereitete Früchte, z. B. Aprikosen, Pfirsiche**
- **100 g grüne vorbereitete Früchte, z. B. Kiwis, Weintrauben**
- **500 ml (1/2 l) Schlagsahne**
- **1 Pck. Sahnetorten-Hilfe**
- **300 g Naturjoghurt**
- **50 g Zucker**

Für den Belag:

- **250 ml (1/4 l) Schlagsahne**
- **1 Pck. Vanillin-Zucker**
- **400 g rote, gelbe und grüne Früchte**

Für den Guss:

- **1 Pck. Tortenguss, klar**
- **2 EL Zucker**
- **250 ml (1/4 l) Wasser**

1 Für den Teig Mehl mit Backpulver, Zucker und Vanillin-Zucker mischen, in eine verschließbare Schüssel (3 l) geben. Restliche Zutaten hinzufügen und die Schüssel mit dem Deckel fest verschließen. Mehrmals kräftig schütteln, so dass alle Zutaten gut vermischt sind. Mit einem Schneebesen oder Rührlöffel nochmals durchrühren, damit trockene Zutaten vom Rand mit untergerührt werden. Teig in eine Springform (Ø 26 cm, gefettet, gemehlt) füllen. Die Form auf dem Rost in den Backofen schieben.

Ober-/Unterhitze:
etwa 180 °C (vorgeheizt)
Heißluft: etwa 160 °C (vorgeheizt)
Gas: Stufe 2–3 (vorgeheizt)
Backzeit: etwa 25 Min.

2 Form kurze Zeit auf einen Kuchenrost stellen, dann den Boden aus der Form lösen und erkalten lassen. Einmal waagerecht durchschneiden.

3 Rote, gelbe und grüne Früchte getrennt voneinander pürieren. Sahne steif schlagen. Sahnetorten-Hilfe nach Packungsanleitung, aber mit Joghurt und Zucker (ohne Wasser) zubereiten. Sahne unterheben. Unter jedes Fruchtpüree 100 g der Sahnemasse rühren.

4 Unteren Boden auf eine Tortenplatte legen. Weiße Sahnemasse in einen Spritzbeutel mit großer Lochtülle füllen und damit einen dicken, hohen Tuff in die Mitte und einen dicken, hohen Ring an den Rand des Bodens spritzen.

5 Frucht-Sahne-Massen voneinander getrennt in Gefrierbeutel füllen und je eine Ecke abschneiden. Die Fruchtmassen der Reihe nach als Ring auf den Boden spritzen (je Farbe ein Ring), oberen Boden auflegen und etwa 3 Stunden kalt stellen.

6 Für den Belag Sahne mit Vanillin-Zucker steif schlagen und die Torte rundherum bestreichen. Obst putzen, waschen, in Scheiben oder Spalten schneiden und als Regenbogen auf die Oberfläche legen.

7 Für den Guss Tortenguss nach Packungsanleitung mit Zucker und Wasser zubereiten. Das Obst mit einem Pinsel vorsichtig bestreichen.

Tipp:
Sollten die Fruchtmassen zu wenig farbintensiv sein, mit etwas Speisefarbe nachhelfen.

Marillenknödeltorte

Zubereitungszeit: 60 Min., ohne Kühlzeit
Backzeit: etwa 30 Min.

Insgesamt:
E: 98 g, F: 474 g, Kh: 633 g, kJ: 30869, kcal: 7377

Für den Rührteig:

- **125 g Butter oder Margarine**
- **50 g Marzipan-Rohmasse**
- **100 g Zucker**
- **1 Pck. Vanillin-Zucker**
- **2 Eier (Größe M)**
- **130 g Kartoffelknödelpulver halb und halb**
- **1 gestr. TL Backpulver**
- **3 EL Milch**
- **100 g gemahlene Haselnusskerne**

Für die Füllung:

- **8 Blatt weiße Gelatine**
- **250 g Aprikosen**
- **150 ml Aprikosensaft**
- **200 g Schmand, 50 g Zucker**
- **200 ml Schlagsahne**
- **75 g Nuss-Nougat**

Zum Garnieren:

- **70 g Kartoffelknödelpulver**
- **200 ml Wasser**
- **50 g Marzipan-Rohmasse**
- **50 g Zucker**
- **2 Pck. Vanillin-Zucker**
- **2 Aprikosen**
- **50 g Nuss-Nougat**
- **25 g Butter, 1 TL Zucker**
- **2 EL Semmelbrösel**

Zum Bestreichen und Verzieren:

- **200 ml Schlagsahne**
- **75 g Nuss-Nougat**

1 Für den Teig Butter oder Margarine mit zerkleinertem Marzipan mit Handrührgerät mit Rührbesen geschmeidig rühren. Nach und nach Zucker und Vanillin-Zucker unterrühren. So lange rühren, bis eine gebundene Masse entstanden ist. Eier unterrühren (jedes Ei etwa ½ Minute). Knödel- und Backpulver mischen und portionsweise abwechselnd mit der Milch auf mittlerer Stufe unterrühren. Zuletzt Haselnusskerne unterrühren. Teig in eine Springform (Ø 26 cm, gefettet, mit Backpapier belegt) füllen und glatt streichen.

Ober-/Unterhitze: etwa 180 °C (vorgeheizt)
Heißluft: etwa 160 °C (vorgeheizt)
Gas: Stufe 2–3 (vorgeheizt)
Backzeit: etwa 30 Min.

2 Boden auf einen Kuchenrost stürzen und erkalten lassen, dann einmal waagerecht durchschneiden.

3 Für die Füllung Gelatine nach Packungsanleitung einweichen. Aprikosen waschen, schälen, pürieren und mit Aprikosensaft, Schmand und Zucker in einer Schüssel verrühren. Gelatine ausdrücken, auflösen und mit etwas von der Aprikosencreme verrühren, dann zur restlichen Creme geben. Sobald die Creme beginnt dicklich zu werden, Sahne steif schlagen und unterheben. Unteren Boden auf eine Tortenplatte legen. Nougat im Wasserbad geschmeidig rühren, den Boden damit bestreichen und einen Tortenring darumstellen. Aprikosencreme einfüllen, glatt streichen und oberen Boden auflegen. Die Torte etwa 1 Stunde kalt stellen.

4 Zum Garnieren Knödelpulver mit Wasser nach Packungsanleitung quellen lassen. Zerkleinertes Marzipan, Zucker und Vanillin-Zucker mit Handrührgerät mit Rührbesen unterrühren. In einem weiten Topf Wasser mit etwas Zucker zum Kochen bringen. Aus dem Knödelteig 12–16 Knödel formen, in jeden Knödel eine Vertiefung eindrücken, je ein Stück Aprikose und Nougat hineinfüllen, den Knödel schließen und rund formen. Knödel in das kochende Wasser legen, einmal aufkochen und anschließend etwa 5 Minuten im heißen Wasser

(Fortsetzung Seite 50)

gar ziehen lassen. Die Knödel dann erkalten lassen. Für die Brösel Butter mit Zucker in einer kleinen Pfanne schmelzen, Semmelbrösel hinzugeben und unter Rühren bräunen lassen. Die Brösel erkalten lassen.

5 Sahne steif schlagen, 3 Esslöffel davon in einen Spritzbeutel mit Sterntülle füllen, Torte mit der restlichen Sahne rundherum bestreichen. Nougat im Wasserbad geschmeidig rühren, etwas davon auf jeden Knödel geben und die Torte mit Nougat besprenkeln, dann mit Sahne aus dem Spritzbeutel verzieren. Brösel auf Knödel und Torte verteilen. Die Torte kalt stellen und vor dem Servieren die Knödel auflegen.

Rotkäppchen-Beeren-Torte

Zubereitungszeit: 50 Min., ohne Kühlzeit
Backzeit: etwa 30 Min.

Insgesamt:
E: 131 g, F: 127 g, Kh: 415 g, kJ: 14535, kcal: 3451

Für den Biskuitteig:

- **1 Pck. (330 g) Grundmischung Biskuitteig**
- **4 Eier (Größe M)**
- **30 ml Wasser**

Zum Bestreichen:

- **75 g Johannisbeergelee**

Für die Füllung:

- **1 Pck. Käse-Sahne Tortencreme**
- **500 ml (½ l) Schlagsahne**
- **150 ml Wasser**
- **500 g Magerquark**
- **1 Pck. Dekorzucker (ist in der Packung enthalten)**
- **125 g vorbereitete rote Johannisbeeren**
- **125 g vorbereitete Erdbeeren**

Für den Belag:

- **Je 125 g vorbereitete rote Johannisbeeren und Erdbeeren**

Zum Verzieren und Garnieren:

- **100 ml Schlagsahne**
- **vorbereitete rote Johannisbeeren**

1 Für den Teig die Grundmischung nach Packungsanleitung mit Eiern und Wasser zubereiten, in eine Springform (Ø 28 cm, Boden gefettet, mit Backpapier belegt) füllen und sofort backen.

Ober-/Unterhitze:
etwa 180 °C (vorgeheizt)
Heißluft: etwa 160 °C (vorgeheizt)
Gas: Stufe 2–3 (vorgeheizt)
Backzeit: etwa 30 Min.

2 Den Boden aus der Form lösen und auf einem Kuchenrost erkalten lassen, einmal waagerecht durchschneiden. Die untere Bodenhälfte auf eine Tortenplatte legen und mit Johannisbeergelee bestreichen.

3 Für die Füllung die Tortencreme nach Packungsanleitung mit Sahne, Wasser und Quark zubereiten. Den Dekorzucker unterrühren. Ein Viertel der Creme abnehmen und beiseite stellen. Die Hälfte der übrigen Creme auf dem unteren Tortenboden verstreichen, die Johannisbeeren und die in Scheiben geschnittenen Erdbeeren darauf verteilen. Die zweite Cremehälfte darauf geben, glatt streichen, mit dem oberen Tortenboden bedecken, etwas andrücken und kalt stellen.

4 Für den Belag Früchte pürieren und durch ein Sieb streichen. Die beiseite gestellte Creme durchrühren und die Fruchtmasse unterrühren. Sobald die Masse beginnt dicklich zu werden, Oberfläche und Rand der Torte damit bestreichen. Die Torte 2–3 Stunden kalt stellen.

5 Zum Verzieren und Garnieren Sahne steif schlagen und in einen Spritzbeutel mit Lochtülle füllen. Die Torte damit verzieren und mit Früchten garnieren.

Banana-Split-Torte

Zubereitungszeit: 30 Min., ohne Kühlzeit
Backzeit: etwa 25 Min.

Insgesamt:
E: 101 g, F: 388 g, Kh: 478 g, kJ: 25059, kcal: 5989

Für den All-in-Teig:

- **100 g Weizenmehl**
- **2 gestr. TL Backpulver**
- **100 g gemahlene Haselnusskerne**
- **150 g Zucker**
- **1 Pck. Vanillin-Zucker**
- **4 Eier (Größe M)**
- **150 g Butter oder Margarine**

Für den Belag:

- **6 Blatt weiße Gelatine**
- **300 ml Bananen-Milchmischgetränk**
- **2 Bananen**
- **500 ml (1/2 l) Schlagsahne**
- **1 Pck. Vanillin-Zucker**
- **50 g Raspelschokolade (Zartbitter)**

Zum Garnieren:

- **Gelee-Bananen**

1 Für den Teig Mehl und Backpulver mischen und in eine Rührschüssel sieben. Restliche Zutaten hinzufügen und alles mit Handrührgerät mit Rührbesen auf höchster Stufe in 2 Minuten zu einem glatten Teig verarbeiten. Teig in eine Springform (Ø 26 cm, Boden gefettet) füllen und glatt streichen. Die Form auf dem Rost in den Backofen schieben.

Ober-/Unterhitze:
etwa 180 °C (vorgeheizt)
Heißluft: etwa 160 °C (vorgeheizt)
Gas: Stufe 2–3 (vorgeheizt)
Backzeit: etwa 25 Min.

2 Boden aus der Springform lösen und auf einem Kuchenrost erkalten lassen.

3 Für den Belag Gelatine nach Packungsanleitung in kaltem Wasser einweichen.

4 Den Boden auf eine Tortenplatte legen und einen Tortenring darumstellen. Bananen schälen, in etwa 1 cm dicke Scheiben schneiden und auf dem Tortenboden verteilen, den Rand dabei frei lassen.

5 Gelatine ausdrücken, auflösen und langsam mit dem Milchmischgetränk verrühren. Sobald die Masse beginnt dicklich zu werden, Sahne mit Vanillin-Zucker steif schlagen. Ein Viertel davon in einen Spritzbeutel mit Lochtülle füllen, die restliche Sahne mit der Raspelschokolade unter die Bananenmilch-Gelatine-Masse heben. Die Sahnemasse auf die Bananen geben und glatt streichen.

6 Die Oberfläche der Torte mit der Sahne aus dem Spritzbeutel verzieren und die Torte mindestens 2 Stunden kalt stellen.

7 Die Torte kurz vor dem Servieren mit Gelee-Bananen garnieren.

Tipp:
Die Torte kann bereits am Vortag zubereitet werden.
Anstelle von Bananen und Bananen-Milchmischgetränk kann man auch Himbeeren und ein Himbeer-Milchmischgetränk verwenden.

Amicelli®-Kirsch-Torte

Zubereitungszeit: 40 Min., ohne Kühlzeit
Backzeit: etwa 25 Min.

Insgesamt:
E: 82 g, F: 381 g, Kh: 368 g, kJ: 23011, kcal: 5499

Für den All-in-Teig:
- **100 g Weizenmehl**
- **3 gestr. TL Backpulver**
- **100 g gemahlene Haselnusskerne**
- **100 g Zucker**
- **1 Pck. Bourbon-Vanille-Zucker**
- **3 Eier (Größe M)**
- **100 g Butter oder Margarine**

Für den Belag:
- **250 g frische Sauerkirschen**
- **2 Blatt weiße Gelatine**
- **1 Pck. (200 g) Amicelli®**
- **150 g Vanillejoghurt**
- **500 ml (1/2 l) Schlagsahne**

1 Für den Teig Mehl und Backpulver mischen und in eine Rührschüssel sieben. Restliche Zutaten hinzufügen und alles mit Handrührgerät mit Rührbesen auf höchster Stufe in etwa 2 Minuten zu einem glatten Teig verarbeiten. Teig in eine Springform (Ø 26 cm, Boden gefettet, mit Backpapier belegt) füllen und glatt streichen. Die Form auf dem Rost in den Backofen schieben.

Ober-/Unterhitze:
etwa 180 °C (vorgeheizt)
Heißluft: etwa 160 °C (vorgeheizt)
Gas: Stufe 2–3 (vorgeheizt)
Backzeit: etwa 25 Min.

2 Den Boden aus der Form lösen, auf einen Kuchenrost stürzen, mitgebackenes Papier abziehen und Boden erkalten lassen.

3 Für den Belag Sauerkirschen waschen, abtropfen lassen, entstielen und entsteinen. Den Boden auf eine Tortenplatte legen, einen Tortenring darumstellen und die Kirschen auf dem Boden verteilen (einige zum Garnieren zurücklassen).

4 Gelatine nach Packungsanleitung einweichen, 10 Röllchen Amicelli® kurz in das Gefrierfach legen, dann mit einem Messer zerkleinern. Gelatine ausdrücken, auflösen und mit dem Joghurt in einer Schüssel verrühren. Sahne steif schlagen, 3 Esslöffel davon abnehmen und in einen Spritzbeutel mit Sterntülle füllen. Restliche Sahne unter die Joghurtmasse rühren und die zerkleinerten Amicelli® unterheben. Sahne-Joghurt-Masse auf den Kirschen glatt streichen. Die Torte etwa 2 Stunden kalt stellen.

5 Den Tortenring lösen, die Oberfläche der Torte mit der Sahne aus dem Spritzbeutel verzieren und mit den restlichen Amicelli® (6 Stück) und Früchten garnieren. Die Torte bis zum Verzehr kalt stellen.

Tipp:
Anstelle von frischen Kirschen können auch Kirschen aus dem Glas (Abtropfgewicht 225 g) verwendet werden. Die Torte kann bereits am Vortag zubereitet werden.
Anstelle der Kirschen schmecken auch Preiselbeeren oder Orangenfilets.

® Registered trademark of Mars Inc.

Schneeweisschen-und-Rosenrot-Torte

Zubereitungszeit: 35 Min.
Backzeit: etwa 35 Min.

Insgesamt:
E: 88 g, F: 337 g, Kh: 562 g,
kJ: 24335, kcal: 5813

Für den Rührteig:

- **200 g Butter oder Margarine**
- **200 g Zucker**
- **4 Eier (Größe M)**
- **200 g Weizenmehl**
- **3 gestr. TL Backpulver**
- **50 ml (4 EL) Milch**
- **1 Beutel aus 1 Pck. Götterspeise Himbeer-Geschmack**

Für Füllung und Belag:

- **2 EL Wasser**
- **6 Blatt weiße Gelatine**
- **500 g Kefir, 100 g Zucker**
- **Saft von 1 Zitrone**
- **400 ml Schlagsahne**

Zum Garnieren:

- **150 g frische Himbeeren**
- **1 Pck. Tortenguss, klar**
- **20 g Zucker, 200 ml Wasser**

1 Für den Teig Butter oder Margarine mit Handrührgerät mit Rührbesen geschmeidig rühren, nach und nach Zucker unterrühren. So lange rühren, bis eine gebundene Masse entstanden ist. Eier unterrühren (jedes Ei etwa ½ Minute). Mehl und Backpulver mischen und portionsweise abwechselnd mit der Milch auf mittlerer Stufe unterrühren. Knapp zwei Drittel des Teiges in einer Springform (Ø 26 cm, gefettet, mit Backpapier belegt) glatt streichen. Vom Götterspeisepulver 1 gestrichenen Esslöffel für den Belag abnehmen, restliches Pulver unter den übrigen Teig rühren, in einen Gefrierbeutel geben, Ecke abschneiden, den roten Teig tupfenweise in den hellen Teig spritzen. Teig nicht mehr glatt streichen und die Form auf dem Rost in den Backofen schieben.

Ober-/Unterhitze:
etwa 180 °C (vorgeheizt)
Heißluft: etwa 160 °C
(nicht vorgeheizt)
Gas: Stufe 2–3 (nicht vorgeheizt)
Backzeit: etwa 35 Min.

2 Den Boden auf einen mit Backpapier belegten Kuchenrost stürzen, mitgebackenes Papier abziehen, Gebäck erkalten lassen. Dann einmal waagerecht durchschneiden.

3 Restliches Götterspeisepulver mit 2 Esslöffeln Wasser nach Packungsanleitung ohne Zucker quellen lassen, auflösen und erkalten lassen, aber nicht kalt stellen.

4 Gelatine nach Packungsanleitung einweichen. Kefir, Zucker und Zitronensaft in einer Schüssel verrühren. Gelatine ausdrücken, auflösen, zunächst mit etwas Kefirmasse verrühren und dann unter die restliche Kefirmasse rühren. Sobald die Masse beginnt dicklich zu werden, Sahne steif schlagen und unterheben.

5 Unteren Boden auf eine Tortenplatte legen und einen Tortenring darumstellen, ⅔ der Sahnemasse einfüllen, mit dem oberen Boden bedecken und mit restlicher Sahnemasse (2 Esslöffel zurückbehalten) bestreichen. Die erkaltete, aber noch flüssige Götterspeise mit den 2 Esslöffeln Sahne verrühren, auf der Tortenoberfläche in Häufchen verteilen und mit einer Gabel leicht durch die weiße Sahne ziehen. Die Torte etwa 2 Stunden kalt stellen.

6 Zum Garnieren Himbeeren verlesen und in die Mitte der Torte häufen. Aus Tortenguss, Zucker und Wasser nach Packungsanleitung einen Guss zubereiten und mit Hilfe eines Löffels auf die Himbeeren geben. Den Tortenring lösen.

Ein wenig Wein oder Likör gibt diesen Torten das gewisse Etwas.

Torten mit Schwips

After-Eight-Rolle

Zubereitungszeit: 35 Min.
Backzeit: etwa 10 Min.

Insgesamt:
E: 56 g, F: 285 g, Kh: 496 g, kJ: 21875, kcal: 5225

Für den Biskuitteig:
- **3 Eier (Größe M)**
- **3 EL heißes Wasser**
- **150 g Zucker**
- **1 Pck. Vanillin-Zucker**
- **100 g Weizenmehl**
- **25 g Speisestärke**
- **25 g Kakaopulver**
- **1 gestr. TL Backpulver**

Für die Mintfüllung:
- **750 ml (3/4 l) Schlagsahne**
- **1 Pck. Sahnetorten-Hilfe**
- **100 ml Pfefferminzlikör**
- **evtl. grüne Speisefarbe**
- **1 Pck. (200 g) After-Eight-Täfelchen**

1 Für den Teig Eier und Wasser in eine Rührschüssel geben und mit dem Handrührgerät mit Rührbesen auf höchster Stufe in 1 Minute schaumig schlagen. Zucker und Vanillin-Zucker mischen, in 1 Minute einstreuen und noch etwa 2 Minuten schlagen. Mehl mit Speisestärke, Kakao und Backpulver mischen, portionsweise auf die Eiercreme sieben und auf niedrigster Stufe kurz unterrühren. Teig auf ein mit Backpapier belegtes Backblech (30 x 40 cm) streichen, Papier an der offenen Seite des Bleches unmittelbar vor dem Teig zur Falte knicken, so dass ein Rand entsteht. Das Backblech in den Backofen schieben.

Ober-/Unterhitze: etwa 220 °C (vorgeheizt)
Heißluft: etwa 200 °C (vorgeheizt)
Gas: Stufe 4–5 (vorgeheizt)
Backzeit: etwa 10 Min.

2 Biskuitplatte sofort nach dem Backen auf ein Stück Backpapier stürzen, das mitgebackene Papier schnell, aber vorsichtig abziehen, die Platte mit Backpapier von der kürzeren Seite aufrollen und erkalten lassen.

3 Für die Füllung Sahne steif schlagen. Sahnetorten-Hilfe

(Fortsetzung Seite 60)

nach Packungsanleitung, aber mit 100 ml Pfefferminzlikör und ohne Zucker zubereiten, Sahne unterheben. Nach Belieben 1–2 Tropfen Speisefarbe unterrühren. After-Eight-Täfelchen (etwa 8 Stück zum Garnieren zurücklassen) grob hacken und unter zwei Drittel der Masse heben. Die Biskuitplatte abrollen und mit der After-Eight-Sahne bestreichen, dann ohne Backpapier fest aufrollen. Von der restlichen Masse 3 Esslöffel in einen Spritzbeutel mit Lochtülle füllen und die Rolle mit der übrigen Masse bestreichen.

4 Die Rolle mit der Sahnemasse aus dem Spritzbeutel verzieren und mit den zurückgelassenen After-Eight-Täfelchen garnieren. Die Rolle etwa 3 Stunden kalt stellen.

Tipp:
Die After-Eight-Täfelchen vor dem Hacken einige Minuten in das Tiefkühlfach legen.

CocoCabana-Torte

Zubereitungszeit: 35 Min., ohne Kühlzeit
Backzeit: etwa 15 Min.

Insgesamt:
E: 66 g, F: 369 g, Kh: 457 g, kJ: 23917, kcal: 5697

Für den Knetteig:
- **200 g Weizenmehl**
- **75 g Kokosraspel**
- **50 g Zucker**
- **150 g Butter oder Margarine**
- **2 EL Kokoslikör (oder Ananassaft)**

Für den Belag:
- **1 Dose Ananas in Stücken (Abtropfgewicht 340 g)**
- **500 ml (1/2 l) Schlagsahne**
- **1 Pck. Sahnetorten-Hilfe**
- **150 ml Ananassaft**
- **50 ml Kokoslikör**
- **250 g Ananasjoghurt**

Zum Garnieren:
- **1 Pck. (125 g) CocoCabana Schaumküsse (von Dickmann)**
- **Papier-Eisschirmchen**

1 Für den Teig Mehl in eine Rührschüssel sieben, restliche Zutaten hinzufügen und alles mit Handrührgerät mit Knethaken zu einem glatten Teig verarbeiten. Teig auf einem Backblech (gefettet, mit Backpapier belegt) zu einem Rechteck (25 x 30 cm) ausrollen, mehrmals mit einer Gabel einstechen und in den Backofen schieben.

Ober-/Unterhitze:
etwa 200 °C (vorgeheizt)
Heißluft: etwa 180 °C (vorgeheizt)
Gas: Stufe 3–4 (vorgeheizt)
Backzeit: etwa 15 Min.

2 Boden nach dem Backen mit dem Backpapier auf ein Kuchenrost ziehen und erkalten lassen.

3 Für den Belag Ananas auf ein Sieb geben, den Saft dabei auffangen. Ananasstücke klein schneiden (einige Stücke zum Garnieren beiseite stellen).

4 Sahne steif schlagen. Sahnetorten-Hilfe mit Saft und Likör (ohne Wasser) nach Packungsanleitung zubereiten und Joghurt, Sahne und Ananasstücke unterheben. Tortenboden auf eine Platte legen, einen Backrahmen darumstellen, Sahnemasse einfüllen, glatt streichen und mit einem Tortengarnierkamm verzieren. Die Torte 2–3 Stunden kalt stellen.

5 Torte vor dem Servieren aus dem Backrahmen lösen und mit CocoCabana, Schirmchen und Ananasstücken garnieren.

Tipp:
Der Kokoslikör kann auch gegen Ananassaft ausgetauscht werden.

Joghurt-Weincreme-Torte

Zubereitungszeit: 60 Min., Backzeit: etwa 35 Min.

Insgesamt:
E: 82 g, F: 206 g, Kh: 723 g, kJ: 23020, kcal: 5499

Für den Biskuitteig:

- **4 Eier (Größe M)**
- **4 EL heißes Wasser**
- **200 g Zucker**
- **1 Pck. Vanillin-Zucker**
- **150 g Weizenmehl**
- **60 g Speisestärke**
- **1 schwach geh. TL Backpulver**

Zum Bestreichen:

- **300 g Kirschkonfitüre**

Für die Füllung:

- **6 Blatt weiße Gelatine**
- **3 EL kaltes Wasser**
- **25 g Speisestärke**
- **200 ml Weißwein**
- **60 g Zucker**
- **3 Eigelb (Größe M)**
- **Saft von 1 Zitrone**
- **500 ml (1/2 l) Schlagsahne**
- **150 g Naturjoghurt**

Für den Guss:

- **1 Pck. Tortenguss, klar**
- **25 g Zucker**
- **250 ml (1/4 l) Weißwein**

1 Für den Teig Eier und Wasser mit Handrührgerät mit Rührbesen auf höchster Stufe in 1 Minute schaumig schlagen. Zucker mit Vanillin-Zucker mischen, in 1 Minute einstreuen, dann noch etwa 2 Minuten schlagen. Mehl, Speisestärke und Backpulver mischen, portionsweise auf die Eiercreme sieben und kurz auf niedrigster Stufe unterrühren.

2 Drei Viertel des Teiges auf ein gefettetes, mit Backpapier belegtes Backblech (30 x 40 cm) streichen. An der offenen Seite des Blechs das Papier unmittelbar vor dem Teig zur Falte knicken, so dass ein Rand entsteht. Das Backblech in den Backofen schieben. Den Rest des Teiges in eine Springform (Ø 28 cm, Boden gefettet, mit Backpapier belegt) füllen und sofort nach der Biskuitplatte backen.

Ober-/Unterhitze:
200–220 °C (vorgeheizt)
Heißluft: 180–200 °C (vorgeheizt)
Gas: etwa Stufe 4 (vorgeheizt)
Backzeit: für die Biskuitplatte etwa 10 Min., für den Boden etwa 15 Min.

3 Den Biskuit für die Rolle nach dem Backen sofort auf ein mit Zucker bestreutes Backpapier stürzen. Mitgebackenes Backpapier mit Wasser bestreichen und vorsichtig, aber schnell abziehen. Den Biskuit sofort gleichmäßig mit Kirschkonfitüre bestreichen und von der längeren Seite her aufrollen. Den Biskuitboden aus der Form lösen und auf einem Kuchenrost erkalten lassen. Die erkaltete Biskuitrolle in 16 Scheiben schneiden und auf den Boden und an den Rand einer Springform (Boden und Rand mit Backpapier belegt) legen.

4 Für die Füllung Gelatine nach Packungsanleitung einweichen. Speisestärke mit Wein in einem Topf verrühren, Zucker, Eigelb und Zitronensaft hinzufügen und unter ständigem Schlagen erhitzen, bis die Masse zu kochen beginnt. Dann den Topf von der Kochstelle nehmen. Gelatine ausdrücken und in die heiße Weißweincreme einrühren, die Masse erkalten lassen und dabei ab und zu durchschlagen.

5 Sobald die Masse beginnt dicklich zu werden, Sahne steif schlagen und mit dem Joghurt unter die Weißweincreme heben. Die Masse auf die Biskuitrollenscheiben in die Springform geben und gleichmäßig verstreichen. Backpapier des Biskuitbodens abziehen, den Boden auf die Füllung legen, andrücken und die Torte 2–3 Stunden kalt stellen.

(Fortsetzung Seite 64)

6 Die Torte vom Springformrand lösen, auf eine Tortenplatte stürzen, das Papier abziehen und den Springformrand wieder darumlegen. Den Tortenguss mit Zucker und Weißwein nach Packungsanleitung zubereiten, lauwarm vorsichtig über die Torte gießen und erkalten lassen. Dann den Springformrand entfernen.

Caipirinha-Torte

Zubereitungzeit: 40 Min.
Backzeit: etwa 20 Min.

Insgesamt:
E: 73 g, F: 392 g, Kh: 418 g, kJ: 24697, kcal: 5901

Für den All-in-Teig:
- **130 g Weizenmehl**
- **2 gestr. EL Kakaopulver**
- **3 gestr. TL Backpulver**
- **130 g brauner Zucker**
- **1 Pck. Bourbon-Vanille-Zucker**
- **3 Eier (Größe M)**
- **2 EL Cachaça (Zuckerrohrschnaps)**
- **130 g Butter oder Margarine**

Für die Füllung:
- **500 ml (1/2 l) Schlagsahne**
- **125 ml (1/8 l) Limettensaft**
- **75 ml Cachaça**
- **1 Pck. Sahnetorten-Hilfe**
- **50 g brauner Zucker**
- **250 g Mascarpone**

Zum Garnieren und Bestreuen:
- **25–50 g Baiser**
- **1 Limette, in Scheiben**
- **1 Cocktailkirsche**
- **etwas Minze**
- **einige Strohhalme**
- **etwas brauner Zucker**

1 Für den Teig Mehl, Kakao und Backpulver mischen und in eine Rührschüssel sieben. Restliche Zutaten hinzufügen und alles mit Handrührgerät mit Rührbesen auf höchster Stufe in 2 Minuten zu einem glatten Teig verarbeiten. Teig in eine Springform (Ø 26 cm, Boden gefettet, mit Backpapier belegt) füllen, glatt streichen und die Form auf dem Rost in den Backofen schieben.

Ober-/Unterhitze:
etwa 180 °C (vorgeheizt)
Heißluft: etwa 160 °C (vorgeheizt)
Gas: etwa Stufe 3 (vorgeheizt)
Backzeit: etwa 20 Min.

2 Den Boden auf einen mit Backpapier belegten Kuchenrost stürzen, mitgebackenes Papier abziehen und den Boden erkalten lassen.

3 Für die Füllung Sahne steif schlagen. Aus Limettensaft, Cachaça, Sahnetorten-Hilfe und Zucker (ohne Wasser) nach Packungsanleitung eine Creme zubereiten. Mascarpone unterrühren, Sahne unterheben.

4 Den Boden einmal waagerecht durchschneiden und den unteren Boden auf eine Tortenplatte legen. Die Hälfte der Creme auf dem Boden verstreichen, dabei die Creme leicht trichterförmig streichen, so dass der Rand höher ist als die Mitte.

5 Oberen Boden vierteln und die Viertel in den Trichter legen. Mit der restlichen Creme den Rand und die trichterförmige Oberfläche bestreichen.

6 Zum Garnieren den Baiser zerbröseln, als zerstoßenes Eis in den Trichter (Caipirinhaglas) füllen und mit Limettenscheiben, der Cocktailkirsche, Minze und Strohhalmen garnieren. Den Rand der Torte vor dem Servieren mit braunem Zucker bestreuen.

Tipp:
Anstelle von Cachaça kann auch weißer Rum verwendet werden.

Maracujatorte

Zubereitungszeit: 70 Min., ohne Kühlzeit
Backzeit: etwa 35 Min.

Insgesamt:
E: 108 g, F: 345 g, Kh: 410 g, kJ: 22709, kcal: 5427

Für den Knetteig:
- **100 g Weizenmehl**
- **10 g Kakaopulver**
- **1 Msp. Backpulver**
- **40 g Zucker**
- **1 Pck. Vanillin-Zucker**
- **80 g Butter oder Margarine**

Für den Biskuitteig:
- **2 Eier (Größe M)**
- **1 EL heißes Wasser**
- **50 g Zucker**
- **1 Pck. Vanillin-Zucker**
- **40 g Weizenmehl**
- **15 g Speisestärke**
- **5 g Kakaopulver**
- **½ gestr. TL Backpulver**

- **2 EL Aprikosenkonfitüre**

Für die Füllung:
- **6 Blatt weiße Gelatine**
- **125 ml (⅛ l) Weißwein**
- **500 ml (½ l) Schlagsahne**
- **2 Becher (je 150 g) Crème fraîche**
- **50 g Zucker**

Für den Guss:
- **300 g Maracuja oder Passionsfrucht**
- **3–4 EL Orangensaft**
- **2 EL Zucker**
- **2 EL Aprikosenkonfitüre**

Zum Garnieren:
- **3 EL abgezogene, gehobelte, gebräunte Mandeln**
- **Schale von 1 Limette (unbehandelt), in feine Streifen geschnitten**

1 Für den Knetteig Mehl, Kakao und Backpulver mischen, in eine Rührschüssel sieben. Zucker, Vanillin-Zucker und Butter oder Margarine hinzufügen.

2 Die Zutaten mit Handrührgerät mit Knethaken zunächst kurz auf niedrigster, dann auf höchster Stufe gut durcharbeiten. Anschließend auf der Arbeitsfläche zu einem glatten Teig verkneten. Sollte er kleben, ihn eine Zeit lang kalt stellen.

3 Den Teig auf dem Boden einer Springform (Ø 26 cm, Boden gefettet) ausrollen und mehrmals mit einer Gabel einstechen. Den Springformrand darumstellen und die Form auf dem Rost in den Backofen schieben.

Ober-/Unterhitze:
200–220 °C (vorgeheizt)
Heißluft: 180–200 °C (vorgeheizt)
Gas: Stufe 3–4 (vorgeheizt)
Backzeit: etwa 15 Min.

4 Den Boden sofort nach dem Backen vom Springformboden lösen, aber darauf erkalten lassen.

5 Für den Biskuitteig Eier und Wasser mit Handrührgerät mit Rührbesen auf höchster Stufe in 1 Minute schaumig schlagen. Zucker mit Vanillin-Zucker mischen, in 1 Minute einstreuen, dann noch etwa 2 Minuten schlagen.

6 Mehl mit Speisestärke, Kakao und Backpulver mischen, auf die Eiercreme sieben, kurz auf niedrigster Stufe unterrühren. Den Teig in eine Springform (Ø 26 cm, Boden gefettet, mit Backpapier belegt) füllen und sofort backen.

Ober-/Unterhitze:
etwa 180 °C (vorgeheizt)
Heißluft: etwa 160 °C (vorgeheizt)
Gas: etwa Stufe 3 (vorgeheizt)
Backzeit: etwa 20 Min.

7 Den Boden aus der Form lösen, auf einen mit Backpapier belegten Kuchenrost stürzen und erkalten lassen. Den Knetteigboden auf eine

(Fortstzung Seite 68)

Platte legen, mit Aprikosenkonfitüre bestreichen, den Biskuitboden darauf legen und einen Tortenring darumstellen.

8 Für die Füllung 2 Blatt und 4 Blatt Gelatine getrennt voneinander nach Packungsanleitung einweichen. Sahne steif schlagen (etwas Sahne beiseite stellen). Crème fraîche, Zucker und Wein verrühren und unter die Sahne rühren. Die 4 Blatt Gelatine ausdrücken, auflösen und unter die Sahnecreme rühren, in den Tortenring füllen und glatt streichen. Die Torte etwa 2 Stunden kalt stellen.

9 Für den Guss Maracuja halbieren, Fruchtfleisch mit Kernen herausheben, durch ein Sieb streichen, so dass die Kerne zurückbleiben. Orangensaft und Zucker mit der Maracujamasse verrühren, die 2 Blatt Gelatine ausdrücken, auflösen und unter die Maracuja-Orangen-Masse rühren, auf die Sahnecreme geben und fest werden lassen.

10 Den Tortenring entfernen. Den Tortenrand erst mit durch ein Sieb gestrichener Aprikosenkonfitüre, dann mit Sahne bestreichen und den unteren Tortenrand mit Mandeln bestreuen. Die Torte mit Limettenstreifen garnieren.

Heidelbeertorte mit Weincreme

Zubereitungszeit: 40 Min., ohne Kühlzeit

Insgesamt:
E: 25 g, F: 63 g, Kh: 272 g, kJ: 7680, kcal: 1837

Für den Boden:

- **15 Scheiben Zwieback**
- **3 EL Nuss-Nougat**

Für den Belag:

- **2 Gläser Heidelbeeren (je 205 g Einwaage)**
- **250 ml (1/4 l) Heidelbeersaft**
- **1 Pck. Tortenguss, klar**
- **1 EL Zucker**
- **1 Pck. Weißwein-Creme**
- **125 ml (1/8 l) Schlagsahne**
- **etwas Puderzucker**

1 Für den Boden Zwieback in einen Gefrierbeutel geben, ihn verschließen und den Zwieback mit einer Teigrolle fein zerbröseln. Brösel mit aufgelöstem Nuss-Nougat verkneten, in einer Springform (Ø 26 cm, Boden gefettet, mit Backpapier belegt) verteilen, andrücken und fest werden lassen.

2 Für den Belag Heidelbeeren auf einem Sieb abtropfen lassen, den Saft dabei auffangen. 250 ml (1/4 l) des Saftes abmessen und daraus mit Tortengusspulver und Zucker nach Packungsaufschrift einen Guss zubereiten, die Heidelbeeren (einige zum Garnieren zurückbehalten) unterheben und die Masse abkühlen lassen.

3 Die Weißwein-Creme nach Packungsanleitung, aber nur mit 125 ml (1/8 l) Sahne zubereiten. Erst die Heidelbeermasse, dann die Weißwein-Creme auf dem Tortenboden verteilen und die Torte etwa 2 Stunden kalt stellen.

4 Vor dem Servieren den Springformrand lösen, die Torte mit den zurückgelassenen Heidelbeeren garnieren und mit Puderzucker leicht bestäuben.

Karibischer Traum

Zubereitungszeit: 50 Min., ohne Durchzieh- und Kühlzeit
Backzeit: etwa 25 Min.

Insgesamt:
E: 70 g, F: 469 g, Kh: 364 g, kJ: 26299, kcal: 6288

Für die Kokossahne:
- **500 ml (1/2 l) Schlagsahne**
- **150 g Kokosraspel**

Für den Rührteig:
- **125 g Butter oder Margarine**
- **125 g Zucker**
- **3 Eier (Größe M)**
- **75 g Weizenmehl**
- **2 gestr. TL Backpulver**

Für den Belag:
- **2 Bananen**
- **25 g Zucker**
- **1 kleine Mango (etwa 300 g)**
- **1 kleine Papaya (etwa 200 g)**
- **4 Blatt weiße Gelatine**
- **2 EL Kokoslikör oder Ananassaft**
- **200 g Mascarpone**
- **2 Pck. Vanillin-Zucker**

- **4 EL Kokoslikör oder Ananassaft**

Zum Garnieren:
- **frische, grobe Kokosspäne**
- **einige Granatapfelkerne**

1 Für die Kokossahne Sahne und Kokosraspel in einem Topf zum Kochen bringen, Topf von der Kochstelle nehmen und zugedeckt etwa 1 Stunde durchziehen lassen. Die Masse durch ein Sieb geben, dabei die Kokosrapel mit Hilfe eines Löffels gut ausdrücken und für den Teig beiseite stellen. Die Sahne mindestens 3 Stunden kalt stellen.

2 Für den Teig Butter oder Margarine mit Handrührgerät mit Rührbesen geschmeidig rühren, Zucker nach und nach unterrühren. So lange rühren, bis eine gebundene Masse entstanden ist. Eier nach und nach unterrühren (jedes Ei etwa 1/2 Minute). Mehl und Backpulver mischen, sieben und auf mittlerer Stufe unterrühren. Zuletzt die ausgedrückten Kokosraspel unterheben. Teig in eine Springform (Ø 26 cm, Boden gefettet, gemehlt) füllen, glatt streichen und auf dem Rost in den Backofen schieben.

Ober-/Unterhitze:
etwa 180 °C (vorgeheizt)
Heißluft: etwa 160 °C (vorgeheizt)
Gas: Stufe 2–3 (vorgeheizt)
Backzeit: ewa 25 Min.

3 Den Boden aus der Form lösen und auf einem Kuchenrost erkalten lassen.

4 Für den Belag Bananen schälen und schräg in längliche Scheiben schneiden. Zucker in einer Pfanne schmelzen lassen, Bananenscheiben kurz darin karamellisieren lassen, aus der Pfanne nehmen und erkalten lassen. Mango und Papaya schälen, halbieren, entsteinen und in Scheiben schneiden. Gelatine nach Packungsanleitung einweichen, dann ausdrücken, auflösen und mit Kokoslikör oder Ananassaft vermischen. Mascarpone in eine Schüssel geben und Gelatinelösung unterrühren. Kokossahne mit Vanillin-Zucker steif schlagen und unterheben.

5 Boden auf eine Tortenplatte legen, mit Kokoslikör oder Ananassaft beträufeln und einen Tortenring darumlegen. Obst auf dem Boden verteilen (etwas davon zum Garnieren zurücklassen), Mascarponesahne darauf verstreichen, mit einem Löffel Vertiefungen eindrücken und die Torte etwa 2 Stunden kalt stellen.

6 Zum Garnieren den Tortenring lösen, Tortenoberfläche vor dem Servieren mit Kokosspäne bestreuen, mit Granatapfelkernen und zurückgelassenem Obst garnieren.

Melonen-Amaretto-Torte

Zubereitungszeit: 45 Min., ohne Kühlzeit
Backzeit: etwa 30 Min.

Insgesamt:
E: 77 g, F: 198 g, Kh: 488 g, kJ: 18314, kcal: 4373

Für den Biskuitteig:
- **3 Eier (Größe M)**
- **3 EL heißes Wasser**
- **120 g Zucker**
- **1 Pck. Vanillin-Zucker**
- **120 g Weizenmehl**
- **1 gestr. TL Backpulver**

Für die Füllung:
- **4 Blatt weiße Gelatine**
- **1 Pck. Pudding-Pulver Mandel-Geschmack**
- **40 g Zucker**
- **400 ml Milch**
- **3 EL Amaretto**
- **500 ml (1/2 l) Schlagsahne**
- **100 ml Amaretto**
- **4 EL Orangenmarmelade**

Für den Belag:
- **1 kleine Kantalup-Melone**

Für den Guss:
- **1 Pck. Tortenguss, klar**
- **25 g Zucker**
- **250 ml (1/4 l) Apfelsaft**

1 Für den Teig Eier und Wasser mit Handrührgerät mit Rührbesen auf höchster Stufe in 1 Minute schaumig schlagen. Zucker mit Vanillin-Zucker mischen, in 1 Minute einstreuen, dann noch etwa 2 Minuten schlagen.

2 Mehl mit Backpulver mischen, portionsweise auf die Eiercreme sieben und kurz auf niedrigster Stufe unterrühren. Einen Backrahmen (25 x 25 cm) auf ein mit Backpapier belegtes Backblech stellen, den Teig darin verstreichen. Das Backblech in den Backofen schieben.

Ober-/Unterhitze: etwa 180 °C (vorgeheizt)
Heißluft: etwa 200 °C (vorgeheizt)
Gas: Stufe 2–3 (vorgeheizt)
Backzeit: 25–30 Min.

3 Nach dem Backen den Backrahmen lösen, das Gebäck auf einem Kuchenrost erkalten lassen.

4 Für die Füllung Gelatine nach Packungsanleitung einweichen. Aus Pudding-Pulver, Zucker, Milch (aber nur 400 ml) nach Packungsanleitung einen Pudding zubereiten. Gelatine ausdrücken, zum heißen Pudding geben und unterrühren, bis sie gelöst ist.

5 Den Pudding erkalten lassen, dabei ab und zu umrühren. Drei Esslöffel Amaretto unterrühren. Sahne steif schlagen und unter den Pudding heben.

6 Den Biskuitboden einmal waagerecht durchschneiden, jede Platte mit der Hälfte des Likörs tränken. Die untere Bodenhälfte mit Marmelade bestreichen, mit gut zwei Drittel der Creme bestreichen und den oberen Boden auflegen. Rand und Oberfläche des Gebäcks mit der restlichen Creme bestreichen, die Torte 2–3 Stunden kalt stellen.

7 Für den Belag die Melone halbieren, mit einem Löffel die Kerne herausschaben. Die Hälften schälen, in dünne Spalten schneiden, die Torte fächerartig damit belegen.

8 Für den Guss Tortenguss, Zucker und Apfelsaft nach Packungsanleitung zubereiten und vorsichtig auf den Melonenspalten verteilen.

Tipp:
Der Teig kann auch in einer Springform (Ø 28 cm) gebacken werden.

Pikkolo-Torte

Zubereitungszeit: 30 Min., ohne Kühlzeit
Backzeit: etwa 25 Min.

Insgesamt:
E: 71 g, F: 316 g, Kh: 483 g, kJ: 22370, kcal: 5345

Für den All-in-Teig:

- **150 g Weizenmehl**
- **3 gestr. TL Backpulver**
- **150 g Zucker**
- **1 Pck. Vanillin-Zucker**
- **3 Eier (Größe M)**
- **150 g Butter oder Margarine**

Für die Füllung:

- **1 Beutel aus 1 Pck. Götterspeise Zitrone-Geschmack**
- **1 Pikkolo (200 ml) heller, trockener Sekt**
- **75 g Zucker**
- **200 g vorbereitete Honigmelone**
- **300 g Naturjoghurt**
- **300 ml Schlagsahne**

Zum Garnieren und Verzieren:

- **75 g Halbbitter-Kuvertüre**
- **200 ml Schlagsahne**
- **1 Pck. Sahnesteif**
- **1 Pck. Vanillin-Zucker**

1 Für den Teig Mehl und Backpulver mischen und in eine Rührschüssel sieben. Restliche Zutaten hinzufügen und alles mit Handrührgerät mit Rührbesen auf höchster Stufe in 2 Minuten zu einem glatten Teig verarbeiten. Teig in eine Springform (Ø 26 cm, Boden gefettet, mit Backpapier belegt) füllen und glatt streichen. Die Form auf dem Rost in den Backofen schieben.

Ober-/Unterhitze:
etwa 180 °C (vorgeheizt)
Heißluft: etwa 160 °C (vorgeheizt)
Gas: Stufe 2–3 (vorgeheizt)
Backzeit: etwa 25 Min.

2 Boden auf einen mit Backpapier belegten Kuchenrost stürzen, mitgebackenes Papier abziehen, Boden erkalten lassen und dann einmal waagerecht durchschneiden.

3 Für die Füllung Götterspeise mit dem Sekt nach Packungsanleitung anrühren und quellen lassen. Zucker hinzufügen und unter Rühren erhitzen, bis alles gelöst ist. Melone in feine Würfel schneiden.

4 Joghurt in eine Schüssel geben und Götterspeiseflüssigkeit unterrühren. Sobald die Masse beginnt dicklich zu werden, Sahne steif schlagen und unterheben.

5 Den unteren Boden auf eine Tortenplatte legen und einen Tortenring darumstellen. Knapp ein Drittel der Joghurtmasse abnehmen, unter die restliche Masse die Melonenwürfel heben. Melonenmasse auf dem unteren Boden verstreichen und mit dem oberen Boden bedecken. Restliche Joghurtmasse darauf glatt streichen und die Torte etwa 2 Stunden kalt stellen.

6 Zum Garnieren Kuvertüre in einem Topf im Wasserbad bei schwacher Hitze geschmeidig rühren, in ein Papiertütchen füllen und einige Sektgläser auf Backpapier spritzen. Die Sektgläser fest werden lassen (evtl. kalt stellen).

7 Zum Verzieren Sahne mit Sahnesteif und Vanillin-Zucker steif schlagen. Tortenring lösen, den Rand rundherum mit etwas von der Sahne bestreichen. Die restliche Sahne mit Hilfe eines Teelöffels als Wölkchen auf die Tortenoberfläche setzen und mit den Kuvertüre-Sektgläsern belegen.

Tipp:
Die Torte kann auch mit rotem Sekt, Himbeergötterspeise und Himbeeren zubereitet werden.
Anstelle der Melone schmeckt auch Mango.

Ballermann-Torte

Zubereitungszeit: 50 Min.
Backzeit: etwa 10 Min.

Insgesamt:
E: 72 g, F: 182 g, Kh: 483 g, kJ: 17140, kcal: 4095

Für den Biskuitteig:
- **3 Eier (Größe M)**
- **1 Eigelb (Größe M)**
- **3 EL Orangensaft**
- **150 g Zucker**
- **1 Pck. Vanillin-Zucker**
- **100 g Weizenmehl**
- **50 g Speisestärke**
- **1 gestr. TL Backpulver**

Für die Sangria-Frucht-Füllung:
- **6 Blatt rote Gelatine**
- **3 Orangen, 2 Pfirsiche**
- **300 g vorbereitete Honigmelone**
- **200 ml Rotwein oder roter Traubensaft**
- **200 ml Orangensaft**
- **50 g Zucker**

Für die Saure-Sahne-Füllung:
- **4 Blatt weiße Gelatine**
- **300 g saure Sahne**
- **50 g Zucker**
- **200 ml Schlagsahne**

Zum Verzieren und Garnieren:
- **200 ml Schlagsahne**
- **einige bunte Strohhalme**

1 Für den Teig Eier, Eigelb und Saft in eine Rührschüssel geben und mit Handrührgerät mit Rührbesen auf höchster Stufe in 1 Minute schaumig schlagen. Zucker und Vanillin-Zucker mischen, in 1 Minute einstreuen und noch etwa 2 Minuten schlagen. Mehl mit Speisestärke und Backpulver mischen, portionsweise auf die Eiercreme sieben und auf niedrigster Stufe kurz unterrühren. Teig auf ein mit Backpapier belegtes Backblech (30 x 40 cm) streichen, Papier an der offenen Seite des Backbleches unmittelbar vor dem Teig zur Falte knicken, so dass ein Rand entsteht. Das Backblech in den Backofen schieben.

Ober-/Unterhitze:
etwa 220 °C (vorgeheizt)
Heißluft: etwa 200 °C (vorgeheizt)
Gas: Stufe 4–5 (vorgeheizt)
Backzeit: etwa 10 Min.

2 Die Biskuitplatte nach dem Backen auf ein Stück Backpapier stürzen und erkalten lassen. Die Platte so halbieren, dass 2 Platten von jeweils 20 x 30 cm entstehen, von jeder Platte 10 cm abschneiden, so dass 2 Platten von jeweils 20 x 20 cm und 2 Platten von jeweils 10 x 20 cm entstehen. Eine große Platte auf eine Tortenplatte legen und einen Backrahmen darumstellen.

3 Für die Sangria-Frucht-Füllung Gelatine nach Packungsanleitung einweichen. Früchte vorbereiten, würfeln und mischen, 4–5 Esslöffel davon abnehmen, zudecken und zum Garnieren beiseite stellen. Rotwein und Orangensaft mit Zucker in einer Schüssel verrühren. Gelatine ausdrücken, auflösen, zunächst mit etwas Flüssigkeit verrühren, dann zur restlichen Flüssigkeit geben und verrühren. 3–4 Esslöffel davon in eine kleine Schüssel füllen und zum Garnieren beiseite stellen (nicht kalt stellen). Sobald die große Menge beginnt dicklich zu werden, klein geschnittene Früchte unterheben und Masse auf dem Boden verstreichen. Die kleinen Gebäckplatten darauf zu einem Boden zusammensetzen. Den Kuchen etwa 1 Stunde kalt stellen.

4 Für die Saure-Sahne-Füllung Gelatine nach Packungsanleitung einweichen. Saure Sahne und Zucker in einer Schüssel verrühren, Gelatine ausdrücken und auflösen, zunächst mit etwas von der sauren Sahne verrühren und dann unter die restliche Masse rühren. Sobald die Masse beginnt dicklich zu werden, die Masse vorsichtig auf dem Boden verstreichen und mit der letzten Platte bedecken.

(Fortsetzung Seite 78)

5 Sahne steif schlagen, die Hälfte auf der Kuchenoberfläche verstreichen. Restliche Sahne in einen Spritzbeutel mit kleiner Lochtülle füllen und Umrisse eines Eimers auf die Oberfläche spritzen, dabei darauf achten, dass der Sahneumriss vollständig geschlossen ist. Restliche Früchte darin verteilen, restliche Sangriaflüssigkeit vorsichtig darüber gießen, Strohhalme anlegen. Torte

Zebra-Orangen-Kuchen

Zubereitungszeit: 40 Min.
Backzeit: etwa 50 Min.

Insgesamt:
E: 65 g, F: 316 g, Kh: 427 g, kJ: 21468, kcal: 5132

Für den Rührteig:
- **150 g Butter oder Margarine**
- **150 g Zucker**
- **3 Eier (Größe M)**
- **150 g Weizenmehl**
- **1 gestr. TL Backpulver**
- **1 gestr. EL Kakaopulver**
- **1 EL Milch**

Für die Füllung:
- **4 Blatt weiße Gelatine**
- **1 Pck. Pudding-Pulver Vanille-Geschmack**
- **300 ml Orangensaft**
- **50 g Zucker**
- **75 ml Cointreau (Orangenlikör)**
- **500 ml (1/2 l) Schlagsahne**

- **50 g Zartbitterschokolade**

1 Für den Teig Fett mit Handrührgerät mit Rührbesen auf höchster Stufe geschmeidig rühren. Nach und nach Zucker unterrühren. So lange rühren, bis eine gebundene Masse entstanden ist.

2 Eier nach und nach unterrühren (jedes Ei etwa 1/2 Minute). Mehl mit Backpulver mischen, sieben, portionsweise auf mittlerer Stufe unterrühren. Unter die Hälfte des Teiges Kakao und Milch rühren. Den hellen Teig in eine Springform (Ø 22 cm, Boden gefettet) füllen und glatt streichen. Die Form auf dem Rost in den Backofen schieben.

Ober-/Unterhitze:
etwa 180 °C (vorgeheizt)
Heißluft: etwa 160 °C (vorgeheizt)
Gas: Stufe 2–3 (vorgeheizt)
Backzeit: etwa 25 Min. pro Boden

3 Boden auf einen mit Backpapier belegten Kuchenrost stürzen. Springform säubern, Boden fetten, den dunklen Teig einfüllen und **ebenfalls wie angegeben backen**. Boden ebenfalls auf einen Kuchenrost stürzen, Böden erkalten lassen.

4 Für die Füllung Gelatine nach Packungsanleitung einweichen. Pudding-Pulver nach Packungsanleitung, aber mit Saft statt Milch, zubereiten. Ausgedrückte Gelatine im heißen Pudding auflösen. Während des Erkaltens Cointreau unterrühren, den Pudding gelegentlich umrühren. Sahne steif schlagen, zwei Drittel unter den kalten Pudding heben. Pudding und restliche Sahne kalt stellen. Beide Böden einmal waagerecht durchschneiden.

5 Einen dunklen Boden auf eine Tortenplatte legen und mit einem Drittel der Creme bestreichen, einen hellen Boden auflegen, mit der Hälfte der restlichen Creme bestreichen, wieder einen dunklen Boden auflegen und mit der restlichen Creme bestreichen. Letzten hellen Boden auflegen, die Torte mit der zurückgestellten Sahne bestreichen und mindestens 1 Stunde kalt stellen.

6 Zum Besprenkeln Schokolade im Wasserbad bei schwacher Hitze geschmeidig rühren und die Oberfläche und den Rand der Torte damit besprenkeln.

Erdbeer-Sekt-Torte

Zubereitungszeit: 45 Min.
Backzeit: etwa 20 Min.

Insgesamt:
E: 53 g, F: 284 g, Kh: 356 g
kJ: 18596, kcal: 4447

Für den Rührteig:
- **100 g Margarine**
- **75 g Zucker**
- **1 Pck. Vanillin-Zucker**
- **2 Eier (Größe M)**
- **100 g Weizenmehl**
- **½ gestr. TL Backpulver**

Für die rote Creme:
- **250 g Erdbeeren**
- **75 g Puderzucker**
- **100 ml heller Sekt**
- **6 Blatt rote Gelatine**
- **250 ml (¼ l) Schlagsahne**

Für die helle Creme:
- **250 g Erdbeeren**
- **75 g Puderzucker**
- **100 ml heller Sekt**
- **4 Blatt weiße Gelatine**
- **350 ml Schlagsahne**

1 Für den Teig Margarine mit Handrührgerät mit Rührbesen auf höchster Stufe geschmeidig rühren. Nach und nach Zucker und Vanillin-Zucker unterrühren. So lange rühren, bis eine gebundene Masse entstanden ist.

2 Eier nach und nach unterrühren (jedes Ei etwa ½ Minute). Mehl mit Backpulver mischen, sieben und portionsweise auf mittlerer Stufe unterrühren. Teig in eine Springform (Ø 26 cm, Boden gefettet, mit Backpapier belegt) füllen, glatt streichen und die Form auf dem Rost in den Backofen schieben.

Ober-/Unterhitze:
etwa 180 °C (vorgeheizt)
Heißluft: etwa 160 °C (vorgeheizt)
Gas: Stufe 2–3 (vorgeheizt)
Backzeit: etwa 20 Min.

3 Nach dem Backen Boden aus der Form lösen, auf einen mit Backpapier belegten Kuchenrost stürzen, mitgebackenes Papier abziehen und den Boden erkalten lassen. Boden auf eine Tortenplatte legen und einen Tortenring darumstellen.

4 Für die rote Creme Erdbeeren waschen, abtropfen lassen, entstielen. Einige große Erdbeeren in dünne Scheiben schneiden und mit dem Stielansatz nach unten rundherum innen an den Tortenring stellen. Übrige Erdbeeren pürieren und den Sekt unterrühren.

5 Gelatine nach Packungsanleitung einweichen und auflösen. Zunächst 2 Esslöffel Erdbeerpüree mit der aufgelösten Gelatine verrühren, dann die Mischung mit dem restlichen Püree verrühren. Sahne steif schlagen. Wenn die Erdbeermasse beginnt dicklich zu werden, Sahne unterheben. In der Zwischenzeit schon mit der Zubereitung der hellen Creme beginnen.

6 Für die helle Creme Erdbeeren waschen, abtropfen lassen, entstielen und klein würfeln. Sekt mit Puderzucker verrühren und die Sahne steif schlagen. Wenn die Erdbeermasse für die rote Creme beginnt dicklich zu werden, die Gelatine für die helle Sektcreme nach Packungsanleitung einweichen, ausdrücken und auflösen. Zunächst 2 Esslöffel des Sekts unter die aufgelöste Gelatine rühren, dann die Mischung unter den restlichen Sekt rühren und sofort Sahne und Erdbeerwürfel unterheben.

7 Zuerst die rote Creme auf dem Boden verstreichen, dann die helle Creme darauf geben und eine Gabel spiralförmig durch beide Schichten ziehen, so dass ein Marmormuster entsteht (nicht glatt streichen). Die Torte etwa 3 Stunden kalt stellen. Vor dem Servieren den Tortenring entfernen.

Bei dieser fruchtigen Vielfalt ist bestimmt für jeden etwas dabei.

Frische Früchtchen

Grüne Welle

Zubereitungszeit: 45 Min.
Backzeit: etwa 20 Min.

Insgesamt:
E: 89 g, F: 447 g, Kh: 658 g, kJ: 30461, kcal: 7278

Für den All-in-Teig:
- **200 g Weizenmehl**
- **3 gestr. TL Backpulver**
- **200 g Zucker**
- **1 Pck. Vanillin-Zucker**
- **4 Eier (Größe M)**
- **200 g Butter oder Margarine**

Für den Puddingbelag:
- **250 g weiche Butter**
- **1 Becher (500 g) Sahne-Pudding Bourbon-Vanille Geschmack**
- **25 g Kokosfett**

Für den Fruchtbelag:
- **10 feste Kiwis**
- **500 g grüne Weintrauben**
- **1 kleine Honigmelone**

Für den Guss:
- **2 Pck. Tortenguss, klar**
- **500 ml (1/2 l) Apfelsaft**

1 Für den Teig Mehl mit Backpulver in eine Rührschüssel sieben. Restliche Zutaten hinzufügen und alles mit Handrührgerät mit Rührbesen auf höchster Stufe in 2 Minuten zu einem glatten Teig verarbeiten. Teig auf ein gefettetes, gemehltes Backblech(30 x 40 cm) streichen und in den Backofen schieben.

Ober-/Unterhitze:
etwa 180 °C (vorgeheizt)
Heißluft: etwa 160 °C (vorgeheizt)
Gas: Stufe 2–3 (vorgeheizt)
Backzeit: etwa 20 Min.

2 Den Boden auf dem Backblech auf einem Kuchenrost erkalten lassen.

3 Für den Puddingbelag Butter geschmeidig rühren. Nach und nach esslöffelweise den Pudding darunter rühren (beide Zutaten müssen Zimmertemperatur haben).

(Fortsetzung Seite 84)

Kokosfett auflösen und noch warm unterrühren. Buttercreme auf den erkalteten Boden streichen.

4 Für den Fruchtbelag Kiwis schälen und in Scheiben schneiden. Weintrauben waschen, evtl. halbieren und entkernen.

Honigmelone schälen, halbieren, entkernen und in feine Spalten schneiden. Obst in wellenförmigen Reihen auf den Pudding legen.

5 Für den Guss aus Tortenguss und Saft nach Packungsanleitung einen Guss zubereiten, evtl. einen Backrahmen um den Boden stellen, Guss auf dem Obst verteilen und fest werden lassen.

Tipp:
Wenn die Welle am Vortag zubereitet wird, Kiwis kurz blanchieren, da die Buttercreme sonst leicht bitter wird.

Heidelbeer-Buchweizen-Torte

Zubereitungszeit: 35 Min.
Backzeit: etwa 30 Min.

Insgesamt:
E: 63 g, F: 194 g, Kh: 364 g, kJ: 14916, kcal: 3565

Für den Biskuitteig:
- **3 Eier (Größe M)**
- **2 EL heißes Wasser**
- **90 g flüssiger Honig**
- **1 Prise Salz**
- **100 g Buchweizenmehl**
- **50 g Weizenmehl Type 1050**
- **1 gestr. TL Backpulver**

Für die Füllung:
- **250 g aufgetaute TK-Heidelbeeren**
- **6 Blatt weiße Gelatine**
- **500 ml (1/2 l) Schlagsahne**
- **80 g flüssiger Honig**
- **1 Pck. Bourbon-Vanille-Zucker**
- **1 EL Zitronensaft**

Zum Garnieren:
- **30 g gemahlene Pistazienkerne**
- **50 g Heidelbeeren**

1 Für den Teig Eier, Wasser, Honig und Salz mit Handrührgerät mit Rührbesen auf höchster Stufe in 2 Minuten schaumig schlagen.

2 Mehle mit Speisestärke und Backpulver mischen, portionsweise auf die Eiercreme geben, kurz auf niedrigster Stufe unterrühren. Teig in einer Springform (Ø 26 cm, Boden gefettet, mit Backpapier belegt) glatt streichen. Die Form auf dem Rost in den Backofen schieben.

Ober-/ Unterhitze:
etwa 180 °C (vorgeheizt)
Heißluft: etwa 160 °C (vorgeheizt)
Gas: Stufe 2–3 (vorgeheizt)
Backzeit: etwa 30 Min.

3 Den Boden aus der Form lösen, auf einen mit Backpapier belegten Kuchenrost stürzen, erkalten lassen und einmal waagerecht durchschneiden. Unteren Boden auf eine Platte legen.

4 Für die Füllung Heidelbeeren pürieren. Gelatine nach Packungsanleitung einweichen, ausdrücken, auflösen und unter das Heidelbeerpüree rühren. Masse kalt stellen.

5 Sobald die Masse anfängt dicklich zu werden, Sahne mit Honig, Vanille-Zucker und Zitronensaft steif schlagen, die Hälfte der Sahne unter drei Viertel der Heidelbeermasse ziehen. Die Heidelbeersahne auf dem unteren Boden glatt streichen und mit dem oberen Boden bedecken.

6 Die restliche Sahne unter die übrige Heidelbeermasse ziehen, die Oberfläche dick und den Rand dünn bestreichen und mit Pistazienkernen und Heidelbeeren garnieren. Die Torte 1–2 Stunden kalt stellen.

Waffelröllchen-Himbeer-Torte

Zubereitungszeit: 50 Min.
Backzeit: etwa 15 Min.

Insgesamt:
E: 57 g, F: 342 g, Kh: 532 g, kJ: 23977, kcal: 5728

Für den Knetteig:
- **150 g Weizenmehl**
- **50 g Zucker**
- **1 Pck. Bourbon-Vanille-Zucker**
- **100 g Butter oder Margarine**

Für die Füllung:
- **500 ml (1/2 l) Müllermilch Himbeer**
- **1 Beutel aus 1 Pck. Götterspeise Himbeer-Geschmack**
- **50 g Zucker**
- **250 g Mascarpone**
- **200 ml Schlagsahne**
- **250 g Schokoladen-Waffelröllchen**

Für den Belag:
- **1 Beutel aus 1 Pck. Götterspeise Himbeer-Geschmack**
- **25 g Zucker**
- **250 g frische Himbeeren**

Zum Verzieren und Garnieren:
- **nach Belieben etwas Schlagsahne**
- **etwas Zitronenmelisse**

1 Für den Teig Mehl in eine Rührschüssel sieben, restliche Zutaten hinzufügen und alles mit Handrührgerät mit Knethaken zu einem glatten Teig verarbeiten. Teig auf dem Boden einer Springform (Ø 26 cm, Boden gefettet) ausrollen, Springformrand darumstellen, Teig mehrmals mit einer Gabel einstechen und die Form auf dem Rost in den Backofen schieben.

Ober-/Unterhitze: etwa 200 °C (vorgeheizt)
Heißluft: etwa 180 °C (vorgeheizt)
Gas: Stufe 3–4 (vorgeheizt)
Backzeit: etwa 15 Min.

2 Den Boden sofort nach dem Backen vom Springformboden lösen, aber darauf erkalten lassen.

3 Für die Füllung von der Müllermilch 300 ml abnehmen, restliche 200 ml für den Belag beiseite stellen. Götterspeise mit etwas von der großen Menge der Himbeermilch nach Packungsanleitung quellen lassen, Zucker hinzufügen, unter Rühren erwärmen, bis alles gelöst ist und etwas abkühlen lassen. Mascarpone in eine Schüssel geben, glatt rühren und die Götterspeisemasse unterrühren. Sobald die Masse beginnt dicklich zu werden, Sahne steif schlagen und unterheben.

4 Tortenboden auf eine Tortenplatte legen, einen Tortenring darumstellen und die Waffelröllchen mit der Schokoladenseite nach oben rundherum an den Rand stellen. Himbeermasse vorsichtig einfüllen, so dass die Waffelröllchen stehen bleiben (evtl. vorher ein wenig Masse auf dem Boden verteilen, so dass die Waffelröllchen besser stehen bleiben). Die Torte etwa 2 Stunden kalt stellen.

5 Für den Belag Götterspeise mit restlicher Müllermilch nach Packungsanleitung quellen lassen, Zucker hinzufügen und unter Rühren erwärmen, bis alles gelöst ist. Himbeeren verlesen, die Hälfte davon pürieren, evtl. passieren und unter die Götterspeisemasse rühren (restliche Himbeeren zum Garnieren beiseite stellen). Masse vorsichtig auf die Himbeermasse geben und nochmals etwa 1 Stunde kalt stellen.

6 Vor dem Servieren die Torte mit geschlagener Sahne verzieren und mit den restlichen Himbeeren und Zitronenmelisse garnieren.

Tipp:
Sie können statt Himbeermilch auch Erdbeermilch verwenden.

Stachelbeer-Frischkäse-Torte

Zubereitungszeit: 40 Min.
Backzeit: etwa 50 Min.

Insgesamt:
E: 117 g, F: 428 g, Kh: 534 g,
kJ: 27946, kcal: 6679

Für den Rührteig:

- **200 g Butter oder Margarine**
- **200 g Zucker**
- **1 Pck. Vanillin-Zucker**
- **4 Eier (Größe M)**
- **200 g Weizenmehl**
- **2 gestr. TL Backpulver**
- **100 g gehackte Haselnusskerne**
- **20 g Zucker**

Für die Füllung:

- **1 Glas Stachelbeeren (Abtropfgewicht 360 g)**
- **1 Pck. Tortenguss, klar**
- **250 ml (1/4 l) Stachelbeersaft**
- **20 g Zucker**
- **4 Blatt weiße Gelatine**
- **300 g Doppelrahm-Frischkäse**
- **3 EL Zitronensaft**
- **1 Pck. Finesse Geriebene Zitronenschale**
- **250 ml (1/4 l) Schlagsahne**

1 Für den Teig Butter oder Margarine mit Handrührgerät mit Rührbesen auf höchster Stufe geschmeidig rühren. Zucker und Vanillin-Zucker nach und nach unterrühren. So lange rühren, bis eine gebundene Masse entstanden ist.

2 Eier nach und nach unterrühren (jedes Ei etwa 1/2 Minute). Mehl und Backpulver mischen, sieben und portionsweise auf mittlerer Stufe unterrühren. Die Hälfte des Teiges in eine Springform (Ø 26 cm, Boden gefettet) füllen, glatt streichen, mit der Hälfte der Haselnusskerne und der Hälfte des Zuckers bestreuen und die Form auf dem Rost in den Backofen schieben.

Ober-/Unterhitze:
etwa 180 °C (vorgeheizt)
Heißluft: etwa 160 °C (vorgeheizt)
Gas: Stufe 2–3 (vorgeheizt)
Backzeit: etwa 25 Min. pro Boden

3 Die andere Teighälfte **ebenso vorbereiten und backen**. Die Böden sofort nach dem Backen aus der Form lösen und auf einem Kuchenrost erkalten lassen. Einen Boden in 12 Stücke schneiden.

4 Für die Füllung die Stachelbeeren auf einem Sieb abtropfen lassen, den Saft auffangen und mit Wasser auf 375 ml (3/8 l) Flüssigkeit auffüllen. Tortenguss mit 250 ml (1/4 l) von dem Saft und Zucker nach Packungsanleitung zubereiten, die Stachelbeeren unterheben und etwas abkühlen lassen.

5 Gelatine nach Packungsanleitung einweichen. 2–3 Esslöffel des restlichen Stachelbeersaftes erwärmen, die eingeweichte Gelatine darin auflösen und den übrigen Stachelbeersaft dazugießen. Den Frischkäse mit Zitronensaft und -schale verrühren und die Gelatinemasse unterrühren.

6 Den ganzen Boden auf eine Tortenplatte legen und die Stachelbeermasse darauf verteilen.

7 Sahne steif schlagen und unter heben. Wenn die Masse anfängt dicklich zu werden, diese in einen Spritzbeutel mit Sterntülle geben und von außen beginnend einen Kranz auf die Stachelbeeren spritzen, den Rest in die Mitte geben. Den in Stücke geschnittenen Boden darauf verteilen und die Torte etwa 2 Stunden kalt stellen.

Frische Himbeertorte

Zubereitungszeit: 90 Min., ohne Kühlzeit
Backzeit: etwa 30 Min.

Insgesamt:
E: 83 g, F: 284 g, Kh: 496 g, kJ: 21073, kcal: 5037

Für den Biskuitteig:
- **3 Eier (Größe M)**
- **1 EL heißes Wasser**
- **150 g Zucker**
- **1 Pck. Vanillin-Zucker**
- **100 g Weizenmehl**
- **50 g Speisestärke**
- **2 gestr. TL Backpulver**

Zum Bestreichen:
- **150 g Halbbitter-Kuvertüre**
- **1 TL Butter**

Für die Füllung:
- **3 Blatt weiße Gelatine**
- **250 g frische oder TK-Himbeeren**
- **200 g Doppelrahm-Frischkäse**
- **1 EL Zitronensaft**
- **50 g Zucker**
- **400 ml Schlagsahne**
- **1 Pck. Sahnesteif**

Für den Belag:
- **200 ml Schlagsahne**
- **1 Pck. Vanillin-Zucker**
- **1 Pck. Sahnesteif**

Zum Garnieren:
- **einige Himbeeren**
- **Raspelschokolade**

1 Für den Teig Eier und Wasser mit Handrührgerät mit Rührbesen auf höchster Stufe in 1 Minute schaumig schlagen. Zucker und Vanillin-Zucker mischen, in 1 Minute einstreuen, dann noch etwa 2 Minuten schlagen.

2 Mehl mit Speisestärke und Backpulver mischen, portionsweise auf die Eiercreme sieben und kurz auf niedrigster Stufe unterrühren.

3 Den Teig in eine Springform (Ø 28 cm, Boden gefettet, mit Backpapier belegt) füllen und die Form auf dem Rost in den Backofen schieben.

Ober-/Unterhitze:
etwa 180 °C (vorgeheizt)
Heißluft: etwa 160 °C (vorgeheizt)
Gas: Stufe 2–3 (vorgeheizt)
Backzeit: etwa 30 Min.

4 Den Tortenboden aus der Form lösen, auf einen mit Backpapier belegten Kuchenrost stürzen, mitgebackenes Papier abziehen, den Boden erkalten lassen und einmal waagerecht durchschneiden.

5 Zum Bestreichen Kuvertüre grob hacken und mit Butter in einem Topf im Wasserbad bei schwacher Hitze geschmeidig rühren. Beide Böden auf den Innenflächen und die Gebäckränder damit bestreichen, Kuvertüre fest werden lassen.

6 Für die Füllung Gelatine nach Packungsanleitung einweichen. Himbeeren verlesen und pürieren (einige Beeren zurücklassen). Frischkäse mit Zitronensaft, Zucker und Beerenpüree verrühren. Gelatine auflösen und unterrühren. Sobald die Masse beginnt dicklich zu werden, Sahne mit Sahnesteif steif schlagen und unterheben. Zurückgelassene Beeren ebenfalls unterheben.

7 Von der Creme 3–4 Esslöffel zurücklassen, die restliche Creme auf einem Boden verteilen. Zweiten Boden auflegen und leicht andrücken. Mit der zurückgelassenen Creme den Rand der Torte bestreichen.

8 Für den Belag Sahne mit Vanillin-Zucker und Sahnesteif steif schlagen und auf die Tortenoberfläche streichen. Mit einem Löffel leichte Vertiefungen eindrücken, mit Himbeeren und Raspelschokolade garnieren.

Sommernachtstraum

Zubereitungszeit: 60 Min., ohne Kühlzeit
Backzeit: etwa 30 Min.

Insgesamt:
E: 80 g, F: 163 g, Kh: 529 g, kJ: 16778, kcal: 4008

Für den Biskuitteig:
- **4 Eier (Größe M)**
- **150 g Zucker**
- **1 Pck. Vanillin-Zucker**
- **150 g Weizenmehl**
- **25 g Kakaopulver**
- **1 gestr. TL Backpulver**

Für die Füllung:
- **350 g gemischte Beerenfrüchte (z. B. Him-, Brom-, Johannis- und Erdbeeren)**
- **400 ml Schlagsahne**
- **50 g Zucker**
- **1 Pck. Sahnetorten-Hilfe**
- **300 g Dickmilch oder Kefir**

Zum Garnieren:
- **75 g aufgelöste Halbbitter-Kuvertüre**
- **250 g Beerenfrüchte (Johannisbeerrispen, Erdbeeren, Himbeeren, Brombeeren)**
- **2 EL Wasser**
- **30 g Zucker**
- **evtl. etwas Zitronenmelisse**

1 Für den Teig Eier in eine Rührschüssel geben und mit Handrührgerät mit Rührbesen auf höchster Stufe in 1 Minute schaumig schlagen. Zucker und Vanillin-Zucker mischen, in 1 Minute einstreuen und noch etwa 2 Minuten schlagen.

2 Mehl mit Kakao und Backpulver mischen, portionsweise auf die Eiercreme sieben und auf niedrigster Stufe kurz unterrühren. Teig in eine Springform (Ø 26 cm, Boden gefettet, mit Backpapier belegt) füllen. Die Form auf dem Rost in den Backofen schieben.

Ober-/Unterhitze:
etwa 180 °C (vorgeheizt)
Heißluft: etwa 160 °C (vorgeheizt)
Gas: Stufe 2–3 (vorgeheizt)
Backzeit: etwa 30 Min.

3 Boden auf einen Kuchenrost stürzen, mitgebackenes Papier abziehen und Boden erkalten lassen.

4 Für die Füllung die Beerenfrüchte vorbereiten, 200 g davon pürieren. Sahne steif schlagen. Aus Beerenpüree, Zucker und Sahnetorten-Hilfe (ohne Wasser) nach Packungsanleitung eine Creme zubereiten, Dickmilch oder Kefir unterrühren und Sahne unterheben. Ein Drittel der Creme davon abnehmen und die restlichen Beerenfrüchte unterheben. Cremes kalt stellen, bis sie anfangen dicklich zu werden.

5 Den Boden zweimal waagerecht durchschneiden. Unteren Boden auf eine Tortenplatte legen und die Creme mit den ganzen Beeren kuppelförmig in die Mitte des unteren Bodens streichen, dabei rundherum 2–3 cm frei lassen. Vom mittleren Boden einen 2–3 cm breiten Rand abschneiden (Reste zerbröseln und beiseite stellen). Platte über die Kuppel legen und gut andrücken. Gut die Hälfte der restlichen Creme waagerecht darauf streichen, oberen Boden auflegen und Rand und Oberfläche der Torte mit der restlichen Creme bestreichen. Torte 2–3 Stunden kalt stellen.

6 Zum Garnieren Kuvertüre in ein Papiertütchen füllen, Schmetterlinge auf Backpapier spritzen und fest werden lassen. Mit den beiseite gestellten Kuchenbröseln den Tortenrand bestreuen.

7 Beeren verlesen, evtl. waschen oder befeuchten und in Zucker wälzen. Kurz vor dem Servieren die Tortenoberfläche mit gezuckerten Beeren, Schmetterlingen und evtl. Zitronenmelisse garnieren.

Sonnentorte

Zubereitungszeit: 45 Min., ohne Kühlzeit
Backzeit: etwa 25 Min.

Insgesamt:
E: 77 g, F: 289 g, Kh: 465 g, kJ: 20581, kcal: 4916

Für den Rührteig:

- **150 g Butter oder Margarine**
- **125 g Zucker**
- **1 Pck. Vanillin-Zucker**
- **3 Eier (Größe M)**
- **125 g Weizenmehl**
- **3 gestr. TL Backpulver**
- **25 g Raspelschokolade (Zartbitter)**

Für die Füllung:

- **4 Nektarinen (etwa 500 g)**
- **6 Blatt weiße Gelatine**
- **400 ml Schlagsahne**
- **500 g Aprikosenjoghurt**
- **1 Pck. Finesse Geriebene Zitronenschale**
- **50 g Zucker**

Zum Bestreichen:

- **2 EL Aprikosenkonfitüre**

1 Für den Teig Butter oder Margarine mit Handrührgerät mit Rührbesen auf höchster Stufe geschmeidig rühren. Nach und nach Zucker und Vanillin-Zucker unterrühren. So lange rühren, bis eine gebundene Masse entstanden ist.

2 Eier nach und nach unterrühren (jedes Ei etwa ½ Minute). Mehl mit Backpulver mischen, sieben und portionsweise auf mittlerer Stufe unterrühren. Zuletzt Raspelschokolade unterrühren.

3 Teig in eine Springform (Ø 26 cm, Boden gefettet, mit Backpapier belegt) füllen und glatt streichen. Die Form auf dem Rost in den Backofen schieben.

Ober-/Unterhitze:
etwa 180 °C (vorgeheizt)
Heißluft: etwa 160 °C (vorgeheizt)
Gas: Stufe 2–3 (vorgeheizt)
Backzeit: etwa 25 Min.

4 Nach dem Backen Boden aus der Form lösen, auf einen mit Backpapier belegten Kuchenrost stürzen und erkalten lassen. Boden einmal waagerecht durchschneiden, unteren Boden auf eine Platte legen und einen Tortenring darumstellen.

5 Für die Füllung Nektarinen waschen, abtropfen lassen, halbieren und den Stein herauslösen. 2 Nektarinen in Spalten schneiden, die übrigen fein würfeln. Ein Drittel der Nektarinenspalten mit der runden Seite nach oben rundum auf den Boden an den Springformrand drücken.

6 Gelatine nach Packungsanleitung einweichen und auflösen. Sahne steif schlagen. Joghurt erst mit Zitronenschale und Zucker, dann mit aufgelöster Gelatine verrühren. Wenn die Masse beginnt dicklich zu werden, Sahne und Nektarinenwürfel unterheben.

7 Zwei Drittel der Joghurtsahne vorsichtig in die Form füllen und glatt streichen. Den oberen Boden auflegen, übrige Joghurtsahne darauf streichen und restliche Nektarinenspalten in Form einer Sonne auf die Oberfläche legen. Die Torte 2–3 Stunden kalt stellen.

8 Aprikosenkonfitüre durch ein Sieb streichen, in einem kleinen Topf aufkochen und etwas einkochen lassen. Die Nektarinenspalten damit bestreichen. Vor dem Servieren den Tortenring lösen.

Apfelschorle-Torte

Zubereitungszeit: 40 Min., ohne Kühlzeit
Backzeit: etwa 25 Min.

Insgesamt:
E: 61 g, F: 317 g, Kh: 486 g, kJ: 21749, kcal: 5195

Für den All-in-Teig:

- **150 g Weizenmehl**
- **3 gestr. TL Backpulver**
- **150 g Zucker**
- **1 Pck. Vanillin-Zucker**
- **3 Eier (Größe M)**
- **150 g Butter oder Margarine**

Für die Apfelschorlecreme:

- **750 g Äpfel, z. B. Elstar**
- **100 ml Mineralwasser**
- **50 g Zucker**
- **1 Pck. Finesse Geriebene Zitronenschale**
- **6 Blatt weiße Gelatine**
- **250 g Schmand**
- **200 ml Schlagsahne**
- **1 Pck. Vanillin-Zucker**

Zum Bestreichen:

- **2 EL Apfelgelee**
- **1 EL Wasser**

Für den Guss:

- **1 Pck. Tortenguss, klar**
- **250 ml (1/4 l) Apfelsaft**
- **1 EL Zucker**

Zum Verzieren und Garnieren:

- **100 ml Schlagsahne**
- **1 Pck. Vanillin-Zucker**
- **1 Apfel mit roter Schale**
- **etwas Zitronensaft**

1 Für den Teig Mehl und Backpulver mischen und in eine Rührschüssel sieben. Restliche Zutaten hinzufügen und alles mit Handrührgerät mit Rührbesen auf höchster Stufe in 2 Minuten zu einem glatten Teig verarbeiten. Den Teig in eine Springform (Ø 26 cm, Boden gefettet, mit Backpapier belegt) füllen und glatt streichen. Die Form auf dem Rost in den Backofen schieben.

Ober-/Unterhitze:
etwa 180 °C (vorgeheizt)
Heißluft: etwa 160 °C (vorgeheizt)
Gas: Stufe 2–3 (vorgeheizt)
Backzeit: etwa 25 Min.

2 Boden auf einen mit Backpapier belegten Kuchenrost stürzen, mitgebackenes Papier abziehen und den Boden erkalten lassen.

3 Für die Apfelschorlecreme Äpfel schälen, vierteln, entkernen und in kleine Stücke schneiden. Mit Mineralwasser, Zucker und Zitronenschale aufkochen lassen. Gelatine nach Packungsanleitung einweichen, ausdrücken und unter die heiße Apfelmasse geben, kalt stellen. Sobald die Masse beginnt dicklich zu werden, Schmand unterrühren, Sahne mit Vanillin-Zucker steif schlagen und unterheben.

4 Den Boden einmal waagerecht durschschneiden. Den unteren Tortenboden auf eine Tortenplatte legen und einen Tortenring darumstellen. Die Apfelmasse einfüllen und glatt streichen. Masse mit dem zweiten Boden bedecken und die Torte etwa 2 Stunden kalt stellen.

5 Zum Bestreichen Apfelgelee mit Wasser in einem Topf aufkochen lassen und die Tortenoberfläche damit bestreichen. Für den Guss aus Tortenguss, Apfelsaft und Zucker nach Packungsanleitung einen Guss zubereiten, auf die Tortenoberfläche gießen und fest werden lassen.

6 Den Tortenring lösen. Sahne und Vanillin-Zucker steif schlagen, in einen Spritzbeutel mit Sterntülle füllen und die Oberfläche der Torte damit verzieren. Den Apfel waschen, abtrocknen, Kerngehäuse ausstechen und den Apfel in Scheiben schneiden, mit Zitronensaft bestreichen und ganz oder in Stücken auf die Sahnetupfen legen.

Tipp:
Anstelle von Schmand kann auch ein Vanillejoghurt verwendet werden.

Beeriger Maulwurfshügel

Zubereitungszeit: 40 Min.
Backzeit: etwa 25 Min.

Insgesamt:
E: 80 g, F: 287 g, Kh: 425 g,
kJ: 19801, kcal: 4733

Für den Rührteig:

- **150 g Butter oder Margarine**
- **150 g Zucker**
- **1 Pck. Vanillin-Zucker**
- **1 Prise Salz**
- **3 Eier (Größe M)**
- **125 g Weizenmehl**
- **25 g Speisestärke**
- **1 gestr. TL Backpulver**

Für den Belag:

- **10 Blatt weiße Gelatine**
- **500 ml (1/2 l) Trinkjoghurt (Erdbeer- oder Himbeergeschmack)**
- **30 g Zucker**
- **400 ml Schlagsahne**
- **250 g vorbereitete Beerenfrüchte, z. B. rote Johannis-, Heidel- oder Brombeeren**

Zum Bestäuben und Garnieren:

- **gesiebtes Kakaopulver**
- **nach Belieben einige Johannisbeerrispen**

1 Für den Teig Butter oder Margarine mit Handrührgerät mit Rührbesen auf höchster Stufe geschmeidig rühren, nach und nach Zucker, Vanillin-Zucker und Salz unterrühren. So lange rühren, bis eine gebundene Masse entstanden ist. Eier nach und nach unterrühren (jedes Ei etwa 1/2 Minute). Mehl, Speisestärke und Backpulver mischen, sieben und portionsweise kurz auf mittlerer Stufe unterrühren. Teig in eine Springform (Ø 26 cm, Boden gefettet) füllen, glatt streichen und auf dem Rost in den Backofen schieben.

Ober-/Unterhitze:
etwa 180 °C (vorgeheizt)
Heißluft: etwa 160 °C (vorgeheizt)
Gas: Stufe 2–3 (vorgeheizt)
Backzeit: etwa 25 Min.

2 Boden aus der Form lösen und auf einem Kuchenrost erkalten lassen.

3 Für den Belag Gelatine nach Packungsanleitung einweichen. Trinkjoghurt mit Zucker verrühren. Gelatine ausdrücken, auflösen, zunächst mit etwas Trinkjoghurt verrühren und dann mit dem restlichen Trinkjoghurt verrühren. Sobald die Masse beginnt dicklich zu werden, Sahne steif schlagen und mit den vorbereiteten Früchten unterheben.

4 Tortenboden auf eine Platte legen, mit Hilfe eines Esslöffels etwa 2 cm tief aushöhlen, dabei einen etwa 1 cm breiten Rand stehen lassen. Sahnemasse bergartig auf den ausgehöhlten Boden streichen.

5 Gebäckreste fein zerbröseln, die Torte rundherum damit bestreuen und etwa 2 Stunden kalt stellen.

6 Vor dem Servieren die Torte mit etwas Kakaopulver bestäuben und nach Belieben mit Johannisbeerrispen garnieren.

Tipp:
Der Maulwurfshügel kann bereits am Vortag zubereitet werden.
Die Torte ist ohne Kakaopulver gefriergeeignet.
Anstelle des Erdbeer- oder Himbeertrinkjoghurts kann jede andere fruchtige Geschmacksrichtung (z. B. Aprikose) verwendet und die Torte dann mit der entsprechenden Obstsorte zubereitet werden.

Preiselbeer-Frischkäse-Torte

Zubereitungszeit: 35 Min.
Backzeit: etwa 30 Min.

Insgesamt:
E: 90 g, F: 318 g, Kh: 606 g,
kJ: 24514, kcal: 5858

Für den Rührteig:
- **125 g Butter oder Margarine**
- **100 g Doppelrahm-Frischkäse**
- **150 g Zucker**
- **1 Pck. Vanillin-Zucker**
- **1 Pck. Finesse Orangenfrucht**
- **3 Eier (Größe M)**
- **200 g Weizenmehl**
- **2 gestr. TL Backpulver**
- **50 g kernige, geröstete Haferflocken**

Für die Füllung:
- **1 Glas Wildpreiselbeeren (Einwaage 395 g)**

Für die Creme:
- **4 Blatt weiße Gelatine**
- **100 g Doppelrahm-Frischkäse**
- **60 g flüssiger Honig**
- **3 EL heller Sherry oder Apfelsaft**
- **400 ml Schlagsahne**

Für den Guss:
- **1 Pck. Tortenguss, rot**
- **30 g Zucker**
- **250 ml (1/4 l) roter Traubensaft**

1 Für den Teig Butter oder Margarine und Frischkäse mit Handrührgerät mit Rührbesen auf höchster Stufe geschmeidig rühren. Nach und nach Zucker, Vanillin-Zucker und Orangenfrucht unterrühren. So lange rühren, bis eine gebundene Masse entstanden ist.

2 Eier nach und nach unterrühren (jedes Ei etwa 1/2 Minute). Mehl und Backpulver mischen, sieben und portionsweise auf mittlerer Stufe unterrühren. Zuletzt die Haferflocken unterheben. Den Teig in eine Springform (Ø 26 cm, Boden gefettet, mit Backpapier belegt) füllen und glatt streichen. Die Form auf dem Rost in den Backofen schieben.

Ober- / Unterhitze:
etwa 180 °C (vorgeheizt)
Heißluft: etwa 160 °C (vorgeheizt)
Gas: Stufe 2–3 (vorgeheizt)
Backzeit: etwa 30 Min.

3 Den Boden aus der Form lösen, auf einem mit Backpapier belegten Kuchenrost erkalten lassen, mitgebackenes Papier abziehen und den Boden einmal waagerecht durchschneiden.

4 Für die Füllung den unteren Boden mit der Hälfte der Preiselbeeren bestreichen, dabei gut 1 cm Rand frei lassen. Den oberen Boden auflegen und mit den restlichen Preiselbeeren (ebenso mit 1 cm Rand) bestreichen. Einen Tortenring darumstellen.

5 Für die Creme Gelatine nach Packungsanleitung einweichen. Frischkäse, Honig und Sherry oder Apfelsaft verrühren, Gelatine auflösen und unterrühren. Sahne steif schlagen und unter die Frischkäsemasse heben. Die Creme in den Tortenring füllen und glatt streichen.

6 Für den Guss den Tortenguss mit Zucker nach Packungsanleitung, aber mit Traubensaft zubereiten und heiß auf die Creme gießen. Die Torte 2–3 Stunden kalt stellen, dann den Tortenring lösen und die Torte servieren.

Erdbeer-Kokos-Torte

Zubereitungszeit: 40 Min.
Backzeit: etwa 60 Min.

Insgesamt:
E: 62 g, F: 323 g, Kh: 369 g,
kJ: 19922, kcal: 4759

Für den Rührteig:

- **150 g Butter oder Margarine**
- **125 g Zucker**
- **1 Pck. Vanillin-Zucker**
- **6 Tropfen Butter-Vanille-Aroma**
- **3 Eier (Größe M)**
- **125 g Weizenmehl**
- **25 g Speisestärke**
- **1 Msp. Backpulver**

Zum Bestreuen:

- **25 g Kokosraspel**
- **25 g Zucker**

Für die Füllung:

- **50 g Kokosraspel**
- **25 g gesiebter Puderzucker**
- **150 g Naturjoghurt**
- **1 Pck. Vanillin-Zucker**
- **400 ml Schlagsahne**
- **2 Pck. Sahnesteif**
- **2 Pck. Vanillin-Zucker**
- **300 g vorbereitete, klein geschnittene Erdbeeren**

Zum Garnieren:

- **200 g vorbereitete Erdbeeren**
- **Puderzucker zum Bestäuben**

1 Für den Teig Butter oder Margarine mit Handrührgerät mit Rührbesen auf höchster Stufe geschmeidig rühren. Nach und nach Zucker, Vanillin-Zucker und Aroma unterrühren. So lange rühren, bis eine gebundene Masse entstanden ist. Eier nach und nach unterrühren (jedes Ei etwa ½ Minute). Mehl mit Speisestärke und Backpulver mischen, sieben und auf mittlerer Stufe unterrühren.

2 Ein Backblech mit Backpapier belegen. Darauf einen Kreis (Ø 24 cm) vorzeichnen und ein Viertel des Teiges darauf streichen, Kreis mit Kokosraspeln und Zucker bestreuen und in den Backofen schieben. So alle Böden nacheinander (bei Heißluft 2 x zwei Backbleche zusammen) backen.

Ober-/Unterhitze:
etwa 180 °C (vorgeheizt)
Heißluft: etwa 160 °C (vorgeheizt)
Gas: Stufe 2–3 (vorgeheizt)
Backzeit: etwa 15 Min. pro Boden

3 Einen der Böden sofort nach dem Backen in 8 Stücke schneiden. Die übrigen Böden einzeln auf einem Kuchenrost erkalten lassen.

4 Für die Füllung Kokosraspel und Puderzucker in einer Pfanne ohne Fett rösten und abkühlen lassen. Joghurt mit Vanillin-Zucker verrühren. Sahne mit Sahnesteif und Vanillin-Zucker steif schlagen. Joghurt, Kokosraspel und Erdbeeren vorsichtig unter die Sahne heben.

5 Einen Boden auf eine Tortenplatte legen und ein Drittel der Füllung darauf verstreichen. Den zweiten Boden auflegen, darauf die Hälfte der restlichen Füllung verstreichen und den dritten Boden auflegen. Auf den dritten Boden die restliche Füllung in 4 Häufchen setzen, die Stücke des geschnittenen Bodens über die Cremehäufchen stellen.

6 Die Torte kalt stellen und vor dem Servieren mit Erdbeeren garnieren und mit Puderzucker bestäuben.

Beerenherz

Zubereitungszeit: 40 Min., ohne Kühlzeit
Backzeit: etwa 20 Min.

Insgesamt:
E: 63 g, F: 261 g, Kh: 318 g, kJ: 16660, kcal: 3983

Für den All-in-Teig:

- **100 g Weizenmehl**
- **1 gestr. TL Backpulver**
- **1 gestr. EL Kakaopulver**
- **100 g Zucker**
- **2 Eier (Größe M)**
- **100 g Butter oder Margarine**

Für die Beerensahne:

- **10 Kokos-Konfektkugeln**
- **150 g vorbereitete, gemischte Beerenfrüchte (z. B. Himbeeren, Brom-, beeren, Johannisbeeren und Heidelbeeren)**
- **30 g Zucker**
- **6 Blatt weiße Gelatine**
- **300 ml Schlagsahne**
- **250 g Himbeerjoghurt**

Zum Verzieren und Garnieren:

- **100 ml Schlagsahne**
- **1 Pck. Vanillin-Zucker**
- **150 g Beerenfrüchte**
- **4–6 Kokos-Konfektkugeln**

1 Für den Teig Mehl, Backpulver und Kakao mischen und in eine Rührschüssel sieben. Restliche Zutaten hinzufügen und alles mit Handrührgerät mit Rührbesen auf höchster Stufe in 2 Minuten zu einem glatten Teig verarbeiten. Teig in eine Herzform (etwa 1 l, gefettet, gemehlt) füllen und glatt streichen. Die Form auf dem Rost in den Backofen schieben.

Ober-/Unterhitze:
etwa 180 °C (vorgeheizt)
Heißluft: etwa 160 °C (vorgeheizt)
Gas: Stufe 2–3 (vorgeheizt)
Backzeit: etwa 20 Min.

2 Das Gebäck etwa 5 Minuten in der Form stehen lassen, dann auf einen Kuchenrost stürzen und erkalten lassen.

3 Für die Beerensahne Kokos-Konfektkugeln einige Zeit ins Gefrierfach legen, dann mit einem Messer grob zerhacken. Die Beerenfrüchte pürieren und mit Zucker verrühren. Gelatine nach Packungsanleitung einweichen. Sahne steif schlagen. Gelatine auflösen, zunächst mit etwas Beerenpüree verrühren, dann zum restlichen Beerenpüree geben und verrühren. Sahne und Joghurt unterheben. Unter zwei Drittel der Creme die gehackten Kokos-Konfektkugeln heben und kurz kalt stellen. Restliche Creme beiseite stellen.

4 Das Herz einmal waagerecht durchschneiden, unteren Boden auf eine Tortenplatte legen, mit der großen Crememenge bestreichen und den oberen Boden auflegen. Die Torte rundherum mit der beiseite gestellten Creme bestreichen und etwa 3 Stunden kalt stellen.

5 Vor dem Servieren Sahne mit Vanillin-Zucker steif schlagen, in einen Spritzbeutel mit großer Sterntülle füllen und die Torte von der Mitte aus verzieren, dabei am Rand rundherum 1–2 cm frei lassen. Die Torte mit Beerenfrüchten und halbierten Kokos-Konfektkugeln garnieren.

Tipp:
Die Torte kann schon am Vortag zubereitet werden.
Anstelle der Sahnetorten-Hilfe kann die Creme auch mit 8 Blatt weißer Gelatine zubereitet werden.
Der Boden kann auch in einer Springform (Ø 26 cm) gebacken werden.

Geschichtete Fruchtkuppel

Zubereitungszeit: 50 Min.
Backzeit: etwa 25 Min.

Insgesamt:
E: 111 g, F: 344 g, Kh: 508 g, kJ: 24195, kcal: 5782

Für den All-in-Teig:
- **150 g Weizenmehl**
- **3 gestr. TL Backpulver**
- **150 g Zucker**
- **1 Pck. Vanillin-Zucker**
- **3 Eier (Größe M)**
- **150 g Butter oder Margarine**

Für die Füllung:
- **1 Papaya (etwa 400 g)**
- **1 große Mango (etwa 400 g)**
- **2 Sharonfrüchte (Kakis)**
- **2 Karambolen (Sternfrucht)**
- **1 Dose Ananas in Scheiben (Abtropfgewicht 245 g)**
- **8 Blatt weiße Gelatine**
- **500 g Ricotta-Käse**
- **50 ml Zitronensaft**
- **75 g Zucker**
- **400 ml Schlagsahne**

Für den Guss:
- **1 Pck. Tortenguss, klar**
- **250 ml (1/4 l) Flüssigkeit (Saft und Wasser)**
- **30 g Zucker**

1 Für den Teig Mehl und Backpulver mischen und in eine Rührschüssel sieben. Restliche Zutaten hinzufügen und alles mit Handrührgerät mit Rührbesen auf höchster Stufe in 2 Minuten zu einem glatten Teig verarbeiten. Teig in eine Springform (Ø 26 cm, Boden gefettet, mit Backpapier belegt) füllen und glatt streichen. Form auf dem Rost in den Backofen schieben.

Ober-/Unterhitze:
etwa 180 °C (vorgeheizt)
Heißluft: etwa 160 °C (vorgeheizt)
Gas: Stufe 2–3 (vorgeheizt)
Backzeit: etwa 25 Min.

2 Den Boden auf einen mit Backpapier belegten Kuchenrost stürzen, mitgebackenes Papier abziehen und Boden erkalten lassen. Eine runde Schüssel (etwa 3 l, Ø etwa 26 cm) mit Frischhaltefolie auslegen.

3 Für die Füllung Papaya und Mango vorbereiten, beide Früchte in Spalten schneiden. Sharonfrüchte schälen und mit Karambolen in Scheiben schneiden. Ananasscheiben auf einem Sieb abtropfen lassen, den Saft dabei auffangen. Mit einem Teil der Früchte die Schüsselwand vollständig auslegen, die restlichen Früchte würfeln. Den Boden einmal waagerecht durchschneiden.

4 Gelatine nach Packungsanleitung einweichen. Ricotta, Zitronensaft und Zucker in einer Schüssel verrühren. Gelatine ausdrücken, auflösen, zunächst mit etwas Ricottamasse verrühren, dann unter die restliche Masse rühren. Sobald die Masse beginnt dicklich zu werden, Sahne steif schlagen und unterheben.

5 Die Creme vierteln, eine Portion davon auf die Früchte in der Schüssel geben und die Fruchtfläche vorsichtig damit bestreichen. Den oberen Boden bis zur Mitte einschneiden und vorsichtig flächig auf die Creme legen, dabei den Anschnitt übereinander klappen und den Boden andrücken. Eine weitere Portion Creme in die Schüssel füllen und waagerecht glatt streichen.

6 Restliche Fruchtwürfel halbieren, eine Hälfte davon auf der Cremeschicht verteilen und mit der dritten Portion Creme bedecken. Die zweite Fruchthälfte darauf verteilen

(Fortsetzung Seite 108)

und mit der vierten Portion Creme bestreichen. Den zweiten Boden darauf legen und gut andrücken. Die Kuppel etwa 3 Stunden kalt stellen.

7 Kuppel auf eine Tortenplatte stürzen, Frischhaltefolie abziehen. Tortenguss nach Packungsanleitung mit Ananassaft, Wasser und Zucker zubereiten, die Kuppel mit einem Pinsel bestreichen und fest werden lassen. Kuppel nach Belieben mit steif geschlagener Sahne verzieren und mit Obst garnieren.

Limettentarte

Zubereitungszeit: 70 Min.
Backzeit: etwa 30 Min.

Insgesamt:
E: 50 g, F: 149 g, Kh: 380 g, kJ: 13268, kcal: 3171

Für den Knetteig:

- **200 g Weizenmehl**
- **1 Msp. Backpulver**
- **50 g Zucker**
- **1 Pck. Vanillin-Zucker**
- **1 Prise Salz**
- **2 EL Wasser**
- **100 g Butter**

Für den Belag:

- **4 Blatt weiße Gelatine**
- **3 Limetten (unbehandelt)**
- **3 Eigelb (Größe M)**
- **75 g Zucker**
- **1 Prise Salz**
- **3 Eiweiß (Größe M)**
- **75 g Zucker**

Zum Verzieren und Garnieren:

- **100 ml Schlagsahne**
- **1 EL Zucker**
- **Limettenscheiben**
- **Streifen von Limettenschale (unbehandelt)**

1 Für den Teig Mehl mit Backpulver mischen und in eine Rührschüssel sieben. Zucker, Vanillin-Zucker, Salz, Wasser und klein geschnittene Butter hinzufügen. Die Zutaten mit Handrührgerät mit Knethaken zunächst kurz auf niedrigster, dann auf höchster Stufe gut durcharbeiten, anschließend auf der Arbeitsfläche zu einem glatten Teig verkneten. Sollte er kleben, ihn eine Zeit lang kalt stellen.

2 Den Teig zu einer Platte (Ø 30 cm) ausrollen und eine gefettete Tarteform (Ø 26 cm) damit auslegen. Den Teig am Rand hochdrücken und den Boden mehrmals mit einer Gabel einstechen. Die Form auf dem Rost in den Backofen schieben.

Ober-/Unterhitze:
etwa 200 °C (vorgeheizt)
Heißluft: etwa 180 °C (vorgeheizt)
Gas: Stufe 3–4 (vorgeheizt)
Backzeit: 25–30 Min.

3 Das Gebäck in der Form erkalten lassen. Für den Belag Gelatine nach Packungsanleitung einweichen. Limetten heiß abwaschen und trockentupfen. Von 2 Limetten die Schale abreiben, alle Limetten auspressen. Vom Saft 100 ml abmessen.

4 Eigelb mit Zucker, Salz und Limettensaft in einem Gefäß verrühren, im heißen Wasserbad schaumig schlagen, aus dem Wasserbad nehmen und die Masse noch etwas weiterschlagen. Die Gelatine leicht ausdrücken und in der warmen Limettenmasse unter Rühren auflösen. Die abgeriebene Limettenschale hinzufügen und die Masse kalt stellen.

5 Sobald die Masse beginnt dicklich zu werden, Eiweiß mit Zucker steif schlagen und unter die Eigelbcreme ziehen. Masse auf den Boden geben und die Tarte etwa 2 Stunden kalt stellen.

6 Zum Verzieren und Garnieren Sahne mit Zucker steif schlagen, die Tarte damit verzieren, mit Limettenscheiben und dünnen Limettenstreifen garnieren.

Schnelle Zaubereien

Simsalabim –
in weniger als einer Stunde
ziehen Sie die schönsten
Torten aus dem Hut.

Cannelloni-Kuchen

Zubereitungszeit: 30 Min.
Backzeit: etwa 15 Min.

Insgesamt:
E: 44 g, F: 346 g, Kh: 250 g, kJ: 18552, kcal: 4436

Für den Streuselteig:

- **125 g Weizenmehl**
- **1 EL Kakaopulver**
- **1 gestr. TL Backpulver**
- **50 g Zucker**
- **75 g Butter oder Margarine**
- **1 EL Wasser**

Für den Belag:

- **800 ml Schlagsahne**
- **100 ml Wasser**
- **1 Pck. Kirsch Sahne Tortencreme**
- **1 Pck. (15 Stück) TK-Mini-Rolly´s Schwarzwälder Kirsch (von Koopmans)**

1 Für den Teig Mehl mit Kakao und Backpulver mischen und in eine Rührschüssel sieben, restliche Zutaten hinzufügen und alles mit Handrührgerät mit Knethaken zu feinen Streuseln verarbeiten. Einen Backrahmen (20 x 26 cm) auf ein mit Backpapier belegtes Backblech stellen, Streusel darin verteilen, mit einem Löffel zu einem Boden andrücken und das Backblech in den Backofen schieben.

Ober-/Unterhitze:
etwa 200 °C (vorgeheizt)
Heißluft: etwa 180 °C (vorgeheizt)
Gas: Stufe 3–4 (vorgeheizt)
Backzeit: etwa 15 Min.

2 Den Boden mit dem Backpapier vom Backblech ziehen und erkalten lassen. Boden auf eine Tortenplatte legen.

3 Für den Belag Sahne steif schlagen. Aus Wasser und Tortencreme nach Packungsanleitung eine Creme herstellen, Dessertpaste (ist in der Packung enthalten) und Sahne unterheben. Ein Drittel der Tortencreme auf dem Boden verteilen.

(Fortsetzung Seite 112)

4 Die gefrorenen Mini-Rolly´s (3 Stück zum Garnieren zurückbehalten) der Länge nach in 3 Reihen auf die Sahne legen. Restliche Sahnemasse in die Zwischenräume der Mini-Rolly´s füllen und glatt streichen, so dass die Oberfläche der Mini-Rolly´s sichtbar bleibt. Den Kuchen etwa 2 Stunden kalt stellen.

5 Zum Garnieren die übrigen noch gefrorenen Mini-Rolly´s in Scheiben schneiden und die Oberfläche damit garnieren.

Tipp:
Der Kuchen schmeckt am besten am Zubereitungstag.

Anstelle der Tortencreme kann auch Gelatine eingesetzt werden. Dann benötigt man 4 Blatt weiße Gelatine, 800 ml Sahne, 50 ml Kirschwasser oder weißen Traubensaft und 40 g Zucker.
Anstelle der Mini-Rolly's Schwarzwälder Kirsch schmecken auch die Mini-Rolly's Zitrone mit Zitronensaft oder Sekt in der Creme.

Crème-fraîche-Torte

Zubereitungszeit: 30 Min.

Insgesamt:
E: 50 g, F: 187 g, Kh: 232 g, kJ: 12103, kcal: 2884

Für den Knusperboden:
- **200 g Löffelbiskuits oder Vitalis Knusper Flakes**
- **75 g Butter**

Für den Belag:
- **2 Pck. Mousse à la Vanille**
- **400 ml Milch**
- **2 Becher (je 150 g) Crème fraîche**
- **etwa 150 g vorbereitete Früchte, z. B. Erdbeeren, Weintrauben, Aprikosen**

1 Für den Knusperboden Löffelbiskuits oder Knusper Flakes in einen Gefrierbeutel geben, ihn verschließen und Biskuits oder Knusper Flakes mit einer Teigrolle zerbröseln. Butter zerlassen und die Brösel unterrühren. Masse in eine Springform (Ø 26 cm, Boden gefettet, mit Backpapier belegt) füllen, mit einem Esslöffel zu einem glatten Boden andrücken und kalt stellen.

2 Für den Belag beide Päckchen Mousse nach Packungsanleitung, aber mit nur 400 ml Milch zubereiten. Crème fraîche unterrühren und die Mousse auf dem Knusperboden glatt streichen. Mit der runden Seite eines Teelöffels Vertiefungen eindrücken und mit den vorbereiteten Früchten garnieren.

3 Die Torte mindestens 2 Stunden kalt stellen. Dann den Springformrand entfernen und die Torte servieren.

Tipp:
Die Torte schmeckt frisch zubereitet am besten.
Statt frischer Früchte eignen sich auch z. B. abgetropfte Kirschen aus dem Glas oder Mandarinen aus der Dose.

Erdbeer-Joghurt-Rolle

Zubereitungszeit: 35 Min.
Backzeit: etwa 10 Min.

Insgesamt:
E: 69 g, F: 205 g, Kh: 505 g, kJ: 17874, kcal: 4270

Für den Biskuitteig:

- **2 Eier (Größe M)**
- **1 Eigelb (Größe M)**
- **150 g Zucker**
- **1 Pck. Vanillin-Zucker**
- **150 g Weizenmehl**
- **1 gestr. TL Backpulver**
- **50 ml warme Milch**
- **50 g aufgelöste Butter**

Für die Füllung:

- **500 g Erdbeeren**
- **6 Erdbeer-Joghurt-Riegel**
- **400 ml Schlagsahne**
- **1 Pck. Sahnetorten-Hilfe**
- **30 g Zucker**
- **300 g Erdbeerjoghurt**

Zum Garnieren:

- **2 Erdbeer-Joghurt-Riegel**

1 Für den Teig Eier und Eigelb in eine Rührschüssel geben und mit Handrührgerät mit Rührbesen auf höchster Stufe in 1 Minute schaumig schlagen. Zucker und Vanillin-Zucker in 1 Minute einstreuen und noch etwa 2 Minuten schlagen. Mehl mit Backpulver mischen, portionsweise auf die Eiercreme sieben und auf niedrigster Stufe mit der Milch kurz unterrühren. Zuletzt die Butter kurz unterrühren. Teig auf ein gefettetes, mit Backpapier belegtes Backblech (30 x 40 cm) streichen. Papier an der offenen Seite des Backblechs unmittelbar vor dem Teig zur Falte knicken, so dass ein Rand entsteht. Das Backblech in den Backofen schieben.

Ober-/Unterhitze:
etwa 220 °C (vorgeheizt)
Heißluft: etwa 200 °C (vorgeheizt)
Gas: Stufe 4–5 (vorgeheizt)
Backzeit: 8–10 Min. (nur hell backen)

2 Biskuitplatte sofort auf ein Geschirrtuch oder Backpapier stürzen, das mitgebackene Papier schnell, aber vorsichtig abziehen, die Platte von der längeren Seite aufrollen und erkalten lassen.

3 Für die Füllung Erdbeeren waschen, abtropfen lassen und entstielen. 200 g davon pürieren, einige Früchte zum Garnieren beiseite legen, restliche Erdbeeren würfeln. Die Erdbeer-Joghurt-Riegel in Scheiben schneiden (am besten vorher kurz in das Gefrierfach legen).

4 Sahne steif schlagen, Sahnetorten-Hilfe nach Packungsanleitung mit Zucker und Erdbeerpüree (statt Wasser) zubereiten, Joghurt und Sahne unterheben. Gut ein Drittel der Creme abnehmen. Unter die restliche Erdbeercreme die Erdbeerwürfel und Riegelscheiben heben.

5 Biskuitrolle abrollen, die stückige Erdbeercreme darauf streichen und wieder aufrollen. Die Rolle rundherum mit der zurückgelassenen Erdbeercreme bestreichen. Die Oberfläche mit einem Tortengarnierkamm oder einer Gabel garnieren. Die Rolle etwa 2 Stunden kalt stellen.

6 Zum Garnieren die Rolle vor dem Servieren mit den restlichen Erdbeeren und mit in Stücke oder Scheiben geschnittenen Erdbeer-Joghurt-Riegeln garnieren.

Tipp:
Die Rolle kann am Vortag zubereitet werden.
Sie ist ohne Garnierung gefriergeeignet.
Anstelle der Sahnetorten-Hilfe kann man die Creme auch mit 8 Blatt weißer Gelatine zubereiten (oder für eine noch kräftigere Farbe je 4 Blatt rot und weiß).

Frucht-Sandwiches

Zubereitungszeit:
etwa 35 Min.
Backzeit: etwa 10 Min.

Insgesamt:
E: 53 g, F: 96 g, Kh: 399 g,
kJ: 11592, kcal: 2768

Für den Biskuitteig:

- **3 Eier (Größe M)**
- **1 Eigelb (Größe M)**
- **3 EL Orangensaft**
- **150 g Zucker**
- **1 Pck. Vanillin-Zucker**
- **100 g Weizenmehl**
- **50 g Speisestärke**
- **1 gestr. TL Backpulver**

Für die Vanillecreme:

- **1 Pck. Galetta Dessertpulver Vanille-Geschmack**
- **250 ml (1/4 l) Milch**
- **200 g Schmand**

Zum Belegen:

- **500–700 g frische Früchte (z. B. Erdbeeren, Pfirsiche, Nektarinen, Kiwis)**

1 Für den Teig Eier, Eigelb und Orangensaft in eine Rührschüssel geben und mit Handrührgerät mit Rührbesen auf höchster Stufe in 1 Minute schaumig schlagen. Zucker und Vanillin-Zucker mischen, in 1 Minute einstreuen und noch etwa 2 Minuten schlagen.

2 Mehl mit Speisestärke und Backpulver mischen, die Hälfte davon auf die Eiercreme sieben und auf niedrigster Stufe kurz unterrühren. Den Rest des Mehlgemisches auf die gleiche Weise unterarbeiten. Teig auf ein mit Backpapier belegtes Backblech (30 x 40 cm) streichen, Papier an der offenen Seite des Bleches unmittelbar vor dem Teig zur Falte knicken, so dass ein Rand entsteht. Das Backblech in den Backofen schieben.

Ober-/Unterhitze:
etwa 220 °C (vorgeheizt)
Heißluft: etwa 200 °C (vorgeheizt)
Gas: Stufe 4–5 (vorgeheizt)
Backzeit: etwa 10 Min.

3 Die Biskuitplatte sofort nach dem Backen auf ein Geschirrtuch oder ein Stück Backpapier stürzen und erkalten lassen.

4 Für die Vanillecreme aus Dessertpulver und Milch nach Packungsanleitung eine Creme zubereiten und den Schmand unterrühren. Backpapier von der erkalteten Biskuitplatte abziehen, Biskuitplatte auf ein Backblech oder eine Platte legen, mit der Creme bestreichen und kalt stellen.

5 Zum Belegen kurz vor dem Servieren die Früchte waschen, putzen und in Scheiben schneiden oder halbieren. Biskuitplatte in 12 Vierecke (je 10 x 10 cm) schneiden, jeweils diagonal teilen, so dass 24 Dreiecke entstehen.

6 Jeweils 2 oder 3 Dreiecke mit Obst bunt zusammensetzen, so dass Sandwiches entstehen.

Tipp:
Evtl. roten Tortenguss nach Packungsanleitung zubereiten und auf das Obst zwischen den Sandwichscheiben verteilen.
Das oberste Dreieck kann auch mit Sahnetuffs, gehackten Pistazien oder Kokosraspeln belegt werden.

Melone-Granatapfel-Torte

Zubereitungszeit: 35 Min.
Backzeit: etwa 15 Min.

Insgesamt:
E: 28 g, F: 177 g, Kh: 242 g, kJ: 11512, kcal: 2748

Für den Knetteig:

- **125 g Weizenmehl**
- **1 Msp. Backpulver**
- **50 g Zucker**
- **1 Pck. Vanillin-Zucker**
- **4 Tropfen Zitronen-Aroma**
- **80 g Butter oder Margarine**

Für den Belag:

- **1 Galia- oder Ogen-Melone (etwa 900 g)**
- **1 Granatapfel**
- **2 Pck. Dessertpulver Aranca Zitrone-Geschmack**
- **2 Becher (je 125 g) Crème Double**
- **1 Pck. Sahnesteif**
- **1 Pck. Vanillin-Zucker**

1 Für den Teig Mehl mit Backpulver mischen, in eine Rührschüssel sieben. Zucker, Vanillin-Zucker, Aroma und Butter oder Margarine hinzufügen. Die Zutaten mit Handrührgerät mit Knethaken zunächst kurz auf niedrigster, dann auf höchster Stufe gut durcharbeiten.

2 Anschließend auf der leicht bemehlten Arbeitsfläche zu einem glatten Teig verkneten. Sollte er kleben, ihn in Folie gewickelt eine Zeit lang kalt stellen.

3 Teig auf dem Boden einer Springform (Ø 26 cm, gefettet) ausrollen, mehrmals mit einer Gabel einstechen, einen Springformrand darumstellen und die Form auf dem Rost in den Backofen schieben.

Ober-/Unterhitze: etwa 200 °C (vorgeheizt)
Heißluft: etwa 180 °C (vorgeheizt)
Gas: Stufe 3–4 (vorgeheizt)
Backzeit: etwa 15 Min.

4 Den Boden nach dem Backen vom Springformrand und -boden lösen, aber darauf erkalten lassen. Anschließend den Boden auf eine Tortenplatte legen und einen Tortenring darumstellen.

5 Für den Belag die Melone halbieren, entkernen, mit einem Kugelausstecher etwa 15 große Kugeln ausstechen und beiseite legen. Restliches Fruchtfleisch herausschneiden, 300 g davon pürieren und den Rest würfeln.

6 Den Granatapfel vierteln und Kerne vorsichtig herauslösen (Trennhäute entfernen).

7 Dessertpulver mit Melonenpüree mit Handrührgerät mit Rührbesen etwa 3 Minuten aufschlagen. Melonenwürfel vorsichtig unter die Creme heben und die Hälfte davon auf den Boden streichen. Granatapfelkerne (einige zum Garnieren zurücklassen) darauf verteilen, dabei 1 cm Rand frei lassen und mit restlicher Creme bedecken.

8 Crème Double mit Sahnesteif und Vanillin-Zucker mit Handrührgerät mit Rührbesen aufschlagen und mit einem Esslöffel wellenförmig auf die Creme streichen. Die Torte 1–2 Stunden kalt stellen.

9 Kurz vor dem Servieren die Torte aus dem Tortenrand lösen und mit Melonenkugeln und Granatapfelkernen garnieren.

Tipp:
Statt Crème Double kann auch Crème fraîche oder Schmand verwendet werden.

Zitronenjoghurt-Kuchen

Zubereitungszeit: 25 Min., ohne Kühlzeit
Backzeit: etwa 20 Min.

Insgesamt:
E: 108 g, F: 367 g, Kh: 660 g, kJ: 27419, kcal: 6552

Für den Rührteig:
- **200 g Butter oder Margarine**
- **200 g Zucker**
- **1 Pck. Vanillin-Zucker**
- **1 Pck. Finesse Geriebene Zitronenschale**
- **4 Eier (Größe M)**
- **150 g Weizenmehl**
- **50 g Speisestärke**
- **3 gestr. TL Backpulver**
- **200 g Zitronenjoghurt**

Für den Belag:
- **8 Blatt weiße Gelatine**
- **800 g Zitronenjoghurt**
- **75 g Zucker**
- **400 ml Schlagsahne**

Zum Garnieren und Verzieren:
- **1 Zitrone**
- **75 ml Zitronensaft**
- **½ Pck. Saucenpulver Vanille-Geschmack ohne Kochen**
- **50 g Halbbitter-Kuvertüre**

1 Für den Teig Butter oder Margarine mit Handrührgerät mit Rührbesen geschmeidig rühren. Nach und nach Zucker, Vanillin-Zucker und Zitronenschale unterrühren. So lange rühren, bis eine gebundene Masse entstanden ist. Eier unterrühren (jedes Ei etwa ½ Minute).

2 Mehl, Speisestärke und Backpulver mischen, sieben und portionsweise kurz auf mittlerer Stufe unterrühren. Zum Schluss Joghurt kurz unterrühren. Teig auf ein Backblech (30 x 40 cm, gefettet, gemehlt) geben und glatt streichen. Das Backblech in den Backofen schieben.

Ober-/Unterhitze:
etwa 180 °C (vorgeheizt)
Heißluft: etwa 160 °C (vorgeheizt)
Gas: Stufe 2–3 (vorgeheizt)
Backzeit: etwa 20 Min.

3 Den Boden auf dem Backblech auf einem Kuchenrost erkalten lassen.

4 Für den Belag Gelatine nach Packungsanleitung einweichen. Joghurt und Zucker in einer Schüssel gut verrühren. Gelatine ausdrücken, auflösen und mit etwas von der Joghurtmasse verrühren, dann mit der gesamten Joghurtmasse verrühren. Sobald die Masse beginnt dicklich zu werden, Sahne steif schlagen und unterheben. Masse auf dem Boden verstreichen und etwa 2 Stunden kalt stellen.

5 Zum Garnieren Zitrone schälen, in dünne Scheiben schneiden und dekorativ auf der Oberfläche verteilen. Zitronensaft mit Saucenpulver zu einer dicklichen Masse verrühren, in einen Gefrierbeutel oder ein Papiertütchen füllen, eine kleine Ecke abschneiden und den Kuchen damit verzieren. Kuvertüre in einem kleinen Topf im Wasserbad bei schwacher Hitze geschmeidig rühren, ebenfalls in einen Gefrierbeutel oder ein Papiertütchen füllen, eine kleine Ecke abschneiden und den Kuchen damit besprenkeln.

Tipp:
Schmeckt auch mit anderen Joghurtsorten, z. B. Aprikose, dann auch die Garnierung entsprechend ändern. Der Kuchen lässt sich gut am Vortag backen und ist ohne Garnierung gefriergeeignet.

Spaghetti-Torte

Zubereitungszeit: 25 Min., ohne Kühlzeit
Backzeit: etwa 20 Min.

Insgesamt:
E: 122 g, F: 444 g, Kh: 349 g, kJ: 25492, kcal: 6094

Für den All-in-Teig:

- **125 g Weizenmehl**
- **2 gestr. TL Backpulver**
- **125 g Zucker**
- **1 Pck. Vanillin-Zucker**
- **3 Eier (Größe M)**
- **125 g Butter oder Margarine**

Für Belag und Spaghetti:

- **250 g frische Erdbeeren**
- **3 Blatt weiße Gelatine**
- **600 g Doppelrahm-Frischkäse**
- **Saft von 1 Zitrone**
- **25 g Zucker**
- **2 Pck. Vanillin-Zucker**
- **400 ml Schlagsahne**

Für die Erdbeersauce:

- **100 g Erdbeeren**
- **25 g Puderzucker**

Zum Bestreuen:

- **etwas weiße Schokolade**

1 Für den Teig Mehl und Backpulver mischen und in eine Rührschüssel sieben. Restliche Zutaten hinzufügen und alles mit Handrührgerät mit Rührbesen auf höchster Stufe in 2 Minuten zu einem glatten Teig verarbeiten. Teig in eine Obstbodenform (Ø 26 cm, gefettet, gemehlt) füllen und glatt streichen. Die Form auf dem Rost in den Backofen schieben.

Ober-/Unterhitze:
etwa 180 °C (vorgeheizt)
Heißluft: etwa 160 °C (vorgeheizt)
Gas: Stufe 2–3 (vorgeheizt)
Backzeit: etwa 20 Min.

2 Den Boden etwa 5 Minuten in der Form stehen lassen, dann auf einen Kuchenrost stürzen und erkalten lassen.

3 Für Belag und Spaghetti Erdbeeren waschen, abtropfen lassen, entstielen, evtl. halbieren und auf dem Tortenboden verteilen.

4 Gelatine nach Packungsanleitung einweichen. Frischkäse, Zitronensaft, Zucker und Vanillin-Zucker in einer Schüssel verrühren. Gelatine auflösen, zunächst mit etwas von der Frischkäsemasse verrühren, dann unter die restliche Frischkäsemasse rühren. Sahne steif schlagen und unterheben.

5 Die Hälfte der Creme auf den Erdbeeren glatt streichen. Restliche Creme in eine Kartoffelpresse geben und als Spaghetti auf die Oberfläche drücken. Die Torte etwa 1 Stunde kalt stellen.

6 Für die Sauce Erdbeeren waschen, abtropfen lassen, entstielen und mit Puderzucker pürieren. Erdbeerpüree als Sauce auf den Spaghetti verteilen, mit geraspelter weißer Schokolade bestreuen und die Torte servieren.

Tipp:
Die Torte kann bereits am Vortag zubereitet werden.
Sollte keine Kartoffelpresse im Haushalt vorhanden sein, so können die Spaghetti auch mit einem Spritzbeutel mit sehr kleiner Lochtülle gespritzt werden, oder man gibt die Masse in einen Gefrierbeutel und schneidet eine kleine Ecke ab.

Leichte Apfeltorte

Zubereitungszeit: 35 Min., ohne Kühlzeit
Backzeit: etwa 20 Min.

Insgesamt:
E: 51 g, F: 47 g, Kh: 272 g, kJ: 7929, kcal: 1894

Für den Knetteig:

- **200 g Weizenmehl**
- **½ gestr. TL Backpulver**
- **50 g Zucker**
- **2 EL Wasser**
- **100 g Butter**

Für den Belag:

- **1 Pck. Pudding-Pulver Vanille-Geschmack**
- **375 ml (3/8 l) kalte Milch oder Schlagsahne**
- **50 g Zucker**
- **6 Blatt weiße Gelatine**
- **75 ml Weißwein oder Apfelsaft**
- **2 Gläser Apfelkompott (Einwaage je 365 g)**

Zum Verzieren und Garnieren:

- **1 Blatt weiße Gelatine**
- **60 g Naturjoghurt**
- **50 g gemahlene Pistazienkerne**
- **einige Baby-Äpfel (aus der Dose)**
- **1 Apfelscheibe**
- **etwas Zitronensaft**

1 Für den Teig Mehl mit Backpulver mischen und in eine Rührschüssel sieben. Die restlichen Zutaten hinzufügen und mit Handrührgerät mit Knethaken zunächst auf niedrigster, dann auf höchster Stufe gut durcharbeiten. Anschließend auf der Arbeitsfläche zu einem glatten Teig verkneten. Sollte er kleben, ihn in Folie gewickelt eine Zeit lang kalt stellen.

2 Den Teig auf dem Boden einer Springform (Ø 26 cm, gefettet) ausrollen, mehrmals mit einer Gabel einstechen und den Springformrand darumlegen. Die Form auf dem Rost in den Backofen schieben.

Ober-/Unterhitze: etwa 200 °C (vorgeheizt)
Heißluft: etwa 180 °C (vorgeheizt)
Gas: Stufe 3–4 (vorgeheizt)
Backzeit: etwa 20 Min.

3 Den Boden sofort nach dem Backen vom Springformboden lösen, aber darauf erkalten lassen. Dann den Boden auf eine Tortenplatte legen und einen Tortenring oder den gesäuberten Springformrand darumstellen.

4 Für den Belag aus Pudding-Pulver, Milch oder Sahne und Zucker nach Packungsanleitung, aber nur mit 375 ml Milch oder Sahne, einen Pudding zubereiten. Den Pudding unter Rühren etwas abkühlen lassen und noch warm auf den Boden streichen.

5 Gelatine nach Packungsanleitung einweichen, Weißwein oder Apfelsaft in einem kleinen Topf erwärmen und die gequollene Gelatine darin auflösen. Den Weißwein oder Apfelsaft mit dem Apfelkompott verrühren. Die Masse vorsichtig auf den abgekühlten Pudding streichen und die Torte kalt stellen.

6 Zum Verzieren und Garnieren die Gelatine nach Packungsanleitung einweichen, ausdrücken, in einem kleinen Topf im Wasserbad auflösen, mit dem Joghurt verrühren und kalt stellen, bis die Masse anfängt dicklich zu werden. Den Joghurt mit einem Teelöffel in Form eines Apfels auf die Torte streichen. Die Torte mit den Pistazien garnieren, nach Belieben mit den Baby-Äpfeln und mit der mit Zitronensaft bestrichenen Apfelscheibe belegen. Die Torte bis zum Servieren kalt stellen.

Heidelbeerscheiben

Zubereitungszeit: 30 Min.
Backzeit: etwa 25 Min.

Insgesamt:
E: 81 g, F: 147 g, Kh: 345 g, kJ: 12877, kcal: 3061

Für den Biskuitteig:

- **3 Eier (Größe M)**
- **2 EL heißes Wasser**
- **100 g Zucker**
- **½ Pck. Finesse Geriebene Zitronenschale**
- **75 g Weizenmehl**
- **25 g Speisestärke**
- **1 Msp. Backpulver**

Für den Fruchtbelag:

- **4 Blatt weiße Gelatine**
- **250 g Heidelbeeren**
- **1–2 EL Johannisbeerlikör**
- **25 g Zucker**
- **½ Pck. Finesse Geriebene Zitronenschale**

Für die Füllung:

- **400 ml Schlagsahne**
- **2 Pck. Vanillin-Zucker**
- **2 Pck. Sahnesteif**

Zum Garnieren:

- **250 g Heidelbeeren**

1 Für den Teig Eier und Wasser mit Handrührgerät mit Rührbesen auf höchster Stufe in 1 Minute schaumig schlagen. Zucker und Zitronenschale mischen, in 1 Minute einstreuen, dann noch etwa 2 Minuten schlagen.

2 Mehl mit Speisestärke und Backpulver mischen, die Hälfte davon auf die Eiercreme sieben, kurz auf niedrigster Stufe unterrühren, den Rest des Mehlgemisches auf die gleiche Art unterarbeiten. Den Teig in eine Kastenform (25 x 11 cm, gefettet, mit Backpapier ausgelegt) füllen und die Form auf dem Rost in den Backofen schieben.

Ober-/Unterhitze:
etwa 180 °C (vorgeheizt)
Heißluft: etwea 160 °C (vorgeheizt)
Gas: Stufe 2–3 (vorgeheizt)
Backzeit: etwa 25 Min.

3 Gebäck nach dem Backen auf einen mit Backpapier belegten Kuchenrost stürzen und erkalten lassen. Mitgebackenes Backpapier abziehen und den Biskuit zweimal waagerecht durchschneiden.

4 Für den Fruchtbelag Gelatine nach Packungsanleitung einweichen. Heidelbeeren verlesen, waschen und gut abtropfen lassen. Die Beeren grob pürieren (Masse soll stückig bleiben), Gelatine ausdrücken, auflösen und mit dem Likör verrühren. Heidelbeermasse, Zucker und Zitronenschale verrühren und die Gelatine-Likör-Mischung unterrühren.

5 Unteren Boden auf eine Platte legen, mit der Hälfte der Fruchtmasse bestreichen und restliche Masse auf den mittleren Boden streichen.

6 Für die Füllung Sahne mit Vanillin-Zucker und Sahnesteif steif schlagen, knapp ein Drittel davon auf dem unteren Boden glatt streichen, mittleren Boden auflegen und mit knapp der Hälfte der übrigen Sahne bestreichen. Oberen Boden auflegen, leicht andrücken und das Gebäck rundherum mit der übrigen Sahne bestreichen.

7 Gebäck 2–3 Stunden kalt stellen, vor dem Servieren mit Heidelbeeren garnieren und in Scheiben schneiden.

Bunte Melonentorte

Zubereitungszeit: 30 Min.
Backzeit: etwa 25 Min.

Insgesamt:
E: 75 g, F: 320 g, Kh: 452 g, kJ: 21499, kcal: 5135

Für den All-in-Teig:
- **150 g Weizenmehl**
- **3 gestr. TL Backpulver**
- **150 g Zucker**
- **1 Pck. Vanillin-Zucker**
- **3 Eier (Größe M)**
- **150 g Butter oder Margarine**

Für die Füllung:
- **1 Kantalup-Melone (etwa 500 g)**
- **400 g Wassermelone**
- **4 Blatt weiße Gelatine**
- **250 g Zitronenjoghurt**
- **50 g Zucker**
- **500 ml (1/2 l) Schlagsahne**

- **25 g Halbbitter-Kuvertüre**
- **25 g Haselnuss-Krokant**

1 Für den Teig Mehl und Backpulver mischen und in eine Rührschüssel sieben. Restliche Zutaten hinzufügen. Alles mit Handrührgerät mit Rührbesen auf höchster Stufe in etwa 2 Minuten zu einem glatten Teig verarbeiten. Teig in eine Springform (Ø 26 cm, Boden gefettet, mit Backpapier belegt) füllen und glatt streichen. Die Form auf dem Rost in den Backofen schieben.

Ober-/Unterhitze:
etwa 180 °C (vorgeheizt)
Heißluft: etwa 160 °C (vorgeheizt)
Gas: Stufe 2–3 (vorgeheizt)
Backzeit: etwa 25 Min.

2 Den Boden auf einen mit Backpapier belegten Kuchenrost stürzen, mitgebackenes Papier abziehen, Boden erkalten lassen und dann einmal waagerecht durchschneiden.

3 Für die Füllung Kantalup-Melone längs halbieren, Kerne herausschaben, die Hälften schälen, 12 schöne Spalten für die Dekoration schneiden und zugedeckt beiseite legen, restliches Fruchtfleisch fein würfeln. Wassermelone ebenfalls schälen, Kerne herausschneiden, 12 kleine Dreiecke für die Dekoration herausschneiden, zugedeckt beiseite legen, restliches Fruchtfleisch fein würfeln.

4 Gelatine nach Packungsanleitung einweichen. Joghurt und Zucker verrühren. Gelatine ausdrücken, auflösen, zunächst mit etwas von der Joghurtmasse verrühren und dann unter die restliche Joghurtmasse rühren. Sobald die Masse beginnt dicklich zu werden, Sahne steif schlagen, ein Drittel davon zum Bestreichen beiseite stellen, die restliche Sahne unter die Joghurtmasse heben. Den Saft der Melonenwürfel ablaufen lassen und das Fruchtfleisch unter die Sahnemasse heben.

5 Unteren Boden auf eine Tortenplatte legen, mit der Melonencreme bestreichen, oberen Boden auflegen und leicht andrücken. Tortenoberfläche und Rand mit der restlichen Sahne wellenförmig bestreichen. Die Torte 1–2 Stunden kalt stellen.

6 Kuvertüre in einem kleinen Topf im Wasserbad bei schwacher Hitze geschmeidig rühren und in ein Papiertütchen oder einen Gefrierbeutel füllen. Ecke abschneiden, die Torte mit zurückgelassenen Melonenspalten und -dreiecken belegen, mit der Kuvertüre besprenkeln und den Rand mit Krokant bestreuen.

Tipp:
Die Torte kann am Vortag zubereitet werden, dann aber erst kurz vor dem Servieren mit Melonen garnieren und mit Kuvertüre verzieren (Melonenstücke zugedeckt kalt stellen).

Mini-Windy's-Wellen

Zubereitungszeit: 25 Min.
Backzeit: etwa 20 Min.

Insgesamt:
E: 115 g, F: 364 g, Kh: 904 g, kJ: 31948, kcal: 7630

Für den Schüttelteig:
- **300 g Weizenmehl**
- **3 gestr. TL Backpulver**
- **200 g Zucker**
- **1 Pck. Finesse Orangenfrucht**
- **4 Eier (Größe M)**
- **150 ml Speiseöl**
- **150 ml Orangensaft**

Für den Belag:
- **8 Blatt weiße Gelatine**
- **1 Becher (500 g) Sahne-Pudding Bourbon-Vanille (aus dem Kühlregal)**
- **1 Becher (500 g) Sahne-Pudding Schokolade (aus dem Kühlregal)**
- **200 ml Schlagsahne**
- **50 g Zucker**
- **1 Dose Aprikosen (Abtropfgewicht 480 g) oder 500 g frische Aprikosen**
- **2 Pck. TK-Mini-Windy´s Classic (von Koopmans)**

Zum Bestäuben:
- **etwas Puderzucker**
- **etwas Kakaopulver**

1 Für den Teig Mehl mit Backpulver mischen, in eine verschließbare Schüssel (3 l) sieben, mit Zucker und Orangenfrucht mischen. Eier, Öl und Saft zufügen, Schüssel mit dem Deckel fest verschließen. Mehrmals kräftig schütteln, so dass alle Zutaten gut vermischt sind.

2 Alles mit einem Schneebesen oder Rührlöffel nochmals sorgfältig durchrühren, damit trockene Zutaten vom Rand mit untergerührt werden. Teig auf einem Backblech (30 x 40 cm, gefettet, gemehlt) glatt streichen. Das Backblech in den Backofen schieben.

Ober-/Unterhitze:
etwa 180 °C (vorgeheizt)
Heißluft: etwa 160 °C (vorgeheizt)
Gas: Stufe 2–3 (vorgeheizt)
Backzeit: etwa 20 Min.

3 Das Gebäck auf einem Kuchenrost erkalten lassen.

4 Für den Belag zweimal 4 Blatt Gelatine nach Packungsanleitung einweichen, dann ausdrücken und getrennt auflösen. Puddinge getrennt in Schüsseln geben und jeweils eine Gelatinelösung mit Handrührgerät mit Rührbesen auf niedrigster Stufe unterrühren. Sahne mit Zucker steif schlagen, halbieren und unter die Puddinge heben.

5 Die Aprikosen auf einem Sieb gut abtropfen lassen. Etwas von jeder Puddingcreme auf je eine Bodenseite streichen. Die gefrorenen Mini-Windy´s in Wellen auf dem Pudding verteilen. In die so entstandenen Zwischenräume die klein geschnittenen Aprikosen verteilen. Die restliche Puddingcreme voneinander getrennt in Spritzbeutel mit großer Lochtülle füllen, abwechselnd hell und dunkel zwischen die Mini-Windy´s spritzen und das Gebäck etwa 2 Stunden kalt stellen.

6 Vor dem Servieren den Kuchen mit Puderzucker und Kakaopulver bestäuben.

Tipp:
Die Mini-Windy´s-Wellen schmecken am besten frisch.
Wenn der Pudding selbst gekocht werden soll, benötigt man 2 x 400 ml Milch, 2 x 40 g Zucker, 1 Päckchen Pudding-Pulver Vanille-Geschmack, 1 Päckchen Pudding-Pulver Schokolade-Geschmack, 2 x 4 Blatt weiße Gelatine und 2 x 200 ml Schlagsahne. Puddinge getrennt nach Packungsanleitung zubereiten, gequollene Gelatine in den heißen Pudding rühren und unter Rühren erkalten lassen. Die steif geschlagene Sahne unterheben.

Fruchtige Kuchen und Schnitten, die bestimmt für alle reichen.

Sommerliches vom Blech

Blubber-Kuchen

Zubereitungszeit: 40 Min., ohne Kühlzeit
Backzeit: etwa 20 Min.

Insgesamt:
E: 122 g, F: 372 g, Kh: 674 g, kJ: 28310, kcal: 6770

Für den Schüttelteig:
- **300 g Weizenmehl**
- **3 gestr. TL Backpulver**
- **200 g Zucker**
- **1 Pck. Vanillin-Zucker**
- **1 Pck. Finesse Geriebene Zitronenschale**
- **4 Eier (Größe M)**
- **150 ml Speiseöl**
- **150 ml Mineralwasser**

Für den Belag:
- **300 g Himbeeren**
- **8 Blatt weiße Gelatine**
- **1 kg Dickmilch**
- **Saft von 1 Zitrone**
- **75 g Zucker**
- **1 Pck. Vanillin-Zucker**
- **500 ml (1/2 l) Schlagsahne**

Für den Guss:
- **2 Pck. Tortenguss, rot**
- **500 ml (1/2 l) Flüssigkeit, z. B. Himbeersaft, Apfelsaft oder Wasser**
- **30 g Zucker**

1 Für den Teig Mehl mit Backpulver mischen, in eine verschließbare Schüssel (3 l) sieben, mit Zucker, Vanillin-Zucker und Zitronenschale mischen. Eier, Öl und Mineralwasser hinzufügen und die Schüssel mit dem Deckel fest verschließen. Mehrmals kräftig schütteln, so dass alle Zutaten gut vermischt sind. Alles mit einem Schneebesen oder Rührlöffel nochmals sorgfältig durchrühren, damit trockene Zutaten vom Rand mit untergerührt werden. Teig in einer Fettfangschale (30 x 40 cm, gefettet, gemehlt) glatt streichen. Die Fettfangschale in den Backofen schieben.

Ober-/Unterhitze:
etwa 180 °C (vorgeheizt)
Heißluft: etwa 160 °C (vorgeheizt)
Gas: Stufe 2–3 (vorgeheizt)
Backzeit: etwa 20 Min.

(Fortsetzung Seite 134)

2 Das Gebäck in der Fettfangschale auf einem Kuchenrost erkalten lassen.

3 Für den Belag Himbeeren verlesen und auf dem Gebäck verteilen. Gelatine nach Packungsanleitung einweichen. Dickmilch, Zitronensaft, Zucker und Vanillin-Zucker in einer Schüssel verrühren. Gelatine ausdrücken, auflösen, zunächst mit etwas Dickmilchmasse verrühren, dann unter die restliche Dickmilchmasse rühren. Sobald die Masse beginnt dicklich zu werden, Sahne steif schlagen, unterheben, Creme auf den Himbeeren verstreichen und 30 Minuten kalt stellen.

4 Für den Guss Tortenguss, Flüssigkeit und Zucker nach Packungsanleitung zubereiten, sofort heiß auf der Dickmilchcreme verteilen, so dass die Creme etwas angelöst wird, dabei evtl. den Guss mit einem Löffel leicht eindrücken. Den Kuchen noch etwa 1 Stunde kalt stellen.

Pfirsich-Tassenkuchen

(1 Tasse = etwa 150 ml)

Zubereitungszeit: 25 Min.
Backzeit: etwa 25 Min.

Insgesamt:
E: 68 g, F: 373 g, Kh: 550 g, kJ: 25164, kcal: 6013

Für den All-in-Teig:
- **4 Eier (Größe M)**
- **1 Tasse Speiseöl (150 ml)**
- **1 Tasse Zucker (150 g)**
- **2 Pck. Pudding-Pulver Vanille-Geschmack**
- **½ Tasse Weizenmehl (50 g)**
- **2 gestr. TL Backpulver**

Für den Belag:
- **1 Becher (200–250 g) Pfirsichjoghurt**
- **1 Dose Pfirsichhälften (Abtropfgewicht 480 g)**
- **1 Dose Pfirsichhälften (Abtropfgewicht 240 g)**
- **3 Becher Schlagsahne (je 200 ml)**
- **2 Pck. Sahnesteif**

Für den Guss:
- **375 ml (3/8 l) Pfirsichsaft**
- **2 Pck. Galetta Vanille-Geschmack Dessertpulver**

1 Für den Teig alle Zutaten in eine Rührschüssel geben und mit Handrührgerät mit Rührbesen auf höchster Stufe in 2 Minuten verrühren. Teig in eine Fettfangschale (30 x 40 cm, gefettet, gemehlt) geben, verstreichen und die Fettfangschale in den Backofen schieben.

Ober-/Unterhitze:
etwa 180 °C (vorgeheizt)
Heißluft: etwa 160 °C (vorgeheizt)
Gas: Stufe 2–3 (vorgeheizt)
Backzeit: 20–25 Min.

2 Kuchen in der Fettfangschale auf einem Kuchenrost erkalten lassen.

3 Für den Belag Fruchtjoghurt verrühren und dünn auf dem Kuchen verstreichen. Pfirsiche auf einem Sieb abtropfen lassen, Saft dabei auffangen. Pfirsiche in Spalten schneiden und auf dem Kuchen verteilen. Sahne mit Sahnesteif steif schlagen, über die Pfirsiche streichen.

4 Für den Guss vom Pfirsichsaft 375 ml (3/8 l) abmessen und mit Galetta nach Packungsanleitung verrühren. Guss in einen Spritzbeutel mit kleiner Lochtülle oder einen Gefrierbeutel füllen, zügig ein Gitter auf den Kuchen spritzen und den Kuchen bis zum Servieren kalt stellen.

Tipp:
Am besten schmeckt der Kuchen, wenn er am Vortag zubereitet wurde.

Fruchtige Saure-Sahne-Schnitten

Zubereitungszeit: 35 Min.
Backzeit: etwa 20 Min.

Insgesamt:
E: 99 g, F: 386 g, Kh: 702 g, kJ: 28779, kcal: 6883

Für den Schüttelteig:
- **300 g Weizenmehl**
- **3 gestr. TL Backpulver**
- **200 g Zucker**
- **1 Pck. Vanillin-Zucker**
- **1 Pck. Finesse Geriebene Zitronenschale**
- **4 Eier (Größe M)**
- **150 ml Speiseöl (z. B. Rapsöl)**
- **150 ml Mineralwasser**

Für die Saure-Sahne-Creme:
- **6 Blatt weiße Gelatine**
- **450 g saure Sahne**
- **50 g Zucker**
- **500 ml (1/2 l) Schlagsahne**

Für den Belag:
- **1 kg vorbereitetes Beerenobst (Him-, Brom-, Heidel- und rote Johannisbeeren)**
- **einige Minzeblätter**
- **2 Pck. Tortenguss, klar**
- **2 EL Zucker**
- **500 ml (1/2 l) Flüssigkeit (Apfelsaft und/oder Wein)**

1 Für den Teig Mehl mit Backpulver mischen, in eine verschließbare Schüssel (3 l) sieben, mit Zucker, Vanillin-Zucker und Zitronenschale mischen. Eier, Öl und Mineralwasser hinzufügen und die Schüssel mit dem Deckel fest verschließen. Mehrmals kräftig schütteln, so dass alle Zutaten gut vermischt sind.

2 Alles mit einem Schneebesen oder Rührlöffel nochmals sorgfältig durchrühren, damit trockene Zutaten vom Rand mit untergerührt werden. Teig auf ein Backblech (30 x 40 cm, gefettet, gemehlt) geben und glatt streichen. Das Backblech in den Backofen schieben.

Ober-/Unterhitze: etwa 180 °C (vorgeheizt)
Heißluft: etwa 160 °C (vorgeheizt)
Gas: Stufe 2–3 (vorgeheizt)
Backzeit: etwa 20 Min.

3 Gebäck auf einem Kuchenrost erkalten lassen und evtl. einen Backrahmen darumstellen.

4 Für die Saure-Sahne-Masse Gelatine nach Packungsanleitung einweichen. Saure Sahne und Zucker verrühren, Gelatine auflösen, mit etwas der Saure-Sahne-Masse verrühren, dann Gelatinelösung unter die restliche Saure-Sahne-Masse rühren. Sobald die Masse beginnt dicklich zu werden, Sahne steif schlagen und unterheben. Creme auf das erkaltete Gebäck streichen und 1–2 Stunden kalt stellen.

5 Für den Belag vorbereitetes Obst auf dem Kuchen verteilen und einige Minzeblätter darauf legen. Aus Tortenguss, Zucker und Flüssigkeit nach Packungsanleitung einen Guss zubereiten, kurz abkühlen lassen, auf den Früchten verteilen und fest werden lassen.

Tipp:
Anstelle des Beerenobstes können auch verschiedene Melonenarten oder grüne Früchte (Kiwis, Stachelbeeren, Weintrauben) verwendet werden.
Maximal einen Tag vor dem Verzehr zubereiten.
Anstelle der sauren Sahne schmecken die Schnitten auch mit Dickmilch.

Nektarinenschnitten

Zubereitungszeit: 40 Min., ohne Kühlzeit
Backzeit: etwa 40 Min.

Insgesamt:
E: 109 g, F: 300 g, Kh: 672 g, kJ: 25238, kcal: 6029

Für den Rührteig:
- **150 g Butter oder Margarine**
- **150 g Zucker**
- **1 Pck. Vanillin-Zucker**
- **5 Tropfen Zitronen-Aroma**
- **1 Prise Salz**
- **4 Eier (Größe M)**
- **250 g Weizenmehl**
- **3 gestr. TL Backpulver**

Für den Belag:
- **1 kg Nektarinen**

Für die Creme:
- **10 Blatt weiße Gelatine**
- **600 g Naturjoghurt**
- **150 g Zucker**
- **1 Pck. Finesse Geriebene Zitronenschale**
- **400 ml Schlagsahne**

Zum Garnieren:
- **1 Nektarine**

1 Für den Teig Butter oder Margarine mit Handrührgerät mit Rührbesen auf höchster Stufe geschmeidig rühren. Nach und nach Zucker, Vanillin-Zucker, Aroma und Salz unterrühren. So lange rühren, bis eine gebundene Masse entstanden ist.

2 Eier nach und nach unterrühren (jedes Ei etwa ½ Minute). Mehl mit Backpulver mischen, sieben und portionsweise auf mittlerer Stufe unterrühren.

3 Einen Backrahmen auf ein Backblech (30 x 40 cm, gefettet) stellen, den Teig hineingeben und glatt streichen.

4 Für den Belag Nektarinen waschen, trockentupfen, halbieren, entsteinen, in dickere Spalten schneiden (achteln) und auf dem Teig verteilen. Das Backblech in den Backofen schieben.

Ober-/Unterhitze: etwa 180 °C (vorgeheizt)
Heißluft: etwa 160 °C (nicht vorgeheizt)
Gas: Stufe 2–3 (nicht vorgeheizt)
Backzeit: etwa 40 Min.

5 Backblech auf einen Kuchenrost stellen. Kuchen im Backrahmen erkalten lassen.

6 Für die Creme Gelatine nach Packungsanleitung einweichen, leicht ausdrücken. Die ausgedrückte Gelatine in einem kleinen Topf unter Rühren auflösen.

7 Joghurt mit Zucker und Zitronenschale verrühren. Gelatine mit etwas von dem Joghurt verrühren, dann unter den restlichen Joghurt rühren. Sobald die Masse beginnt dicklich zu werden, Sahne steif schlagen und unterheben. Joghurtcreme auf dem Kuchen glatt streichen. Den Kuchen mindestens 2 Stunden kalt stellen.

8 Backrahmen vorsichtig lösen und entfernen. Gebäck in beliebig große Schnitten schneiden und mit je einer dünnen Nektarinenscheibe garnieren.

Tipp:
Sollte das Gebäck etwas länger stehen, die Nektarinenscheiben mit etwas Zitronensaft bestreichen, damit sie nicht braun werden und austrocknen.

Himbeer-Buttermilch-Schnitten

Zubereitungszeit: 50 Min., ohne Kühlzeit
Backzeit: etwa 10 Min.

Insgesamt:
E: 11 g, F: 36 g, Kh: 49 g, kJ: 2446, kcal: 584

Für den Biskuitteig:
- **3 Eier (Größe M)**
- **1 Eigelb (Größe M)**
- **100 g Zucker**
- **1 Pck. Vanillin-Zucker**
- **5 Tropfen Butter-Vanille-Aroma**
- **50 g Weizenmehl**
- **25 g Speisestärke**
- **1 Msp. Backpulver**

Für die Füllung:
- **600 ml Schlagsahne**
- **1 Pck. Sahnetorten-Hilfe**
- **50 g Zucker**
- **200 ml Buttermilch**
- **200 g verlesene Himbeeren**

Zum Verzieren und Garnieren:
- **100 g aufgelöste Halbbitter-Kuvertüre**
- **50 g abgezogene, gehobelte, geröstete Mandeln**
- **125 ml (1/8 l) Schlagsahne**
- **50 g verlesene Himbeeren**
- **etwas Puderzucker**

1 Für den Teig Eier und Eigelb mit Handrührgerät mit Rührbesen auf höchster Stufe in 1 Minute schaumig schlagen. Zucker und Vanillin-Zucker mischen, in 1 Minute einstreuen, dann noch etwa 2 Minuten schlagen. Aroma unterrühren.

2 Mehl mit Speisestärke und Backpulver mischen, die Hälfte davon auf die Eiercreme sieben, kurz auf niedrigster Stufe unterrühren, den Rest des Mehlgemisches auf die gleiche Art unterarbeiten.

3 Den Teig auf ein Backblech (30 x 40 cm, gefettet, mit Backpapier belegt) streichen. Backpapier an der offenen Seite des Backblechs unmittelbar vor dem Teig zu einer Falte knicken. Backblech in den Backofen schieben.

Ober-/Unterhitze:
200–220 °C (vorgeheizt)
Heißluft: 180–200 °C (vorgeheizt)
Gas: etwa Stufe 4 (vorgeheizt)
Backzeit: 8–10 Min.

4 Biskuitplatte nach dem Backen auf ein mit Zucker bestreutes Backpapier stürzen. Das mitgebackene Backpapier mit Wasser bestreichen, vorsichtig, aber schnell abziehen. Biskuitplatte von der längeren Seite her aufrollen, erkalten lassen.

5 Für die Füllung Sahne steif schlagen. Sahnetorten-Hilfe mit Zucker in einer großen Rührschüssel mischen, Buttermilch hinzufügen. Die Zutaten mit einem Schneebesen in etwa 1 Minute glatt rühren. Zum Schluss die Sahne unterheben.

6 Biskuitrolle auseinander rollen, mit der Füllung bestreichen, mit Himbeeren belegen und wieder aufrollen. Die Biskuitrolle 2 Stunden kalt stellen.

7 Zum Verzieren und Garnieren Kuvertüre in einen kleinen Gefrierbeutel füllen und eine kleine Ecke abschneiden. Biskuitrolle mit der Kuvertüre besprenkeln und fest werden lassen. Rolle auf die bereits besprenkelte Seite legen, Unterseite ebenfalls besprenkeln und fest werden lassen.

8 Währenddessen aus der restlichen Kuvertüre Ornamente auf Backpapier spritzen und fest werden lassen. Rolle in 3 cm dicke Scheiben schneiden, jeweils eine Schnittfläche

(Fortsetzung Seite 142)

mit Mandeln bestreuen, mit dieser auf eine Tortenplatte legen. Schnitten mit steif geschlagener Sahne verzieren, mit Himbeeren und Schokoladenornamenten garnieren und nach Belieben mit Puderzucker bestreuen.

Tipp:
Die Schnitten schmecken auch mit Kefir statt mit Buttermilch.

Kefir-Grapefruit-Schnitten

Zubereitungszeit: 30 Min.
Backzeit: etwa 20 Min.

Insgesamt:
E: 78 g, F: 204 g, Kh: 436 g, kJ: 16933, kcal: 4044

Für den Rührteig:

- **125 g Butter oder Margarine**
- **100 g Zucker**
- **1 Pck. Finesse Orangenfrucht**
- **4 Eier (Größe M)**
- **200 g Weizenmehl**
- **3 gestr. TL Backpulver**

Für den Belag:

- **8 Blatt weiße Gelatine**
- **2 Pink Grapefruits**
- **2 weiße Grapefruits**
- **250 ml (1/4 l) Kefir**
- **100 g Zucker**
- **1 Pck. Vanillin-Zucker**
- **200 ml Schlagsahne**

1 Für den Teig Butter oder Margarine mit Handrührgerät mit Rührbesen auf höchster Stufe geschmeidig rühren. Nach und nach Zucker und Orangenfrucht unterrühren. So lange rühren, bis eine gebundene Masse entstanden ist.

2 Eier nach und nach unterrühren (jedes Ei etwa 1/2 Minute). Mehl mit Backpulver mischen, sieben und portionsweise auf mittlerer Stufe unterrühren.

3 Einen Backrahmen auf ein Backblech (30 x 40 cm, gefettet, gemehlt) stellen, Teig hineingeben und glatt streichen. Das Backblech in den Backofen schieben.

Ober-/Unterhitze:
etwa 180 °C (vorgeheizt)
Heißluft: etwa 160 °C (vorgeheizt)
Gas: Stufe 2–3 (vorgeheizt)
Backzeit: etwa 20 Min.

4 Das Backblech auf einen Kuchenrost stellen. Gebäck auf dem Backblech mit Backrahmen erkalten lassen.

5 Für den Belag Gelatine nach Packungsanleitung einweichen. Grapefruits filetieren (siehe Ratgeber), Saft dabei auffangen und mit Wasser auf 250 ml (1/4 l) auffüllen. Gelatine ausdrücken und auflösen.

6 Kefir mit Zucker und Vanillin-Zucker verrühren. Fruchtsaft unter die aufgelöste Gelatine rühren, dann nach und nach mit Kefirmasse verrühren. Wenn die Masse anfängt dicklich zu werden, Sahne steif schlagen und unterheben. Zuletzt Fruchtfilets (einige zum Garnieren zurücklassen) evtl. nochmals halbieren und unterheben.

7 Kefircreme auf dem Gebäck verstreichen und etwa 2 Stunden kalt stellen. Backrahmen vorsichtig lösen und entfernen. Kuchen in Dreiecke schneiden und vor dem Servieren mit den Filets garnieren.

Erdbeer-Milchreis-Schnitten

Zubereitungszeit: 40 Min.
Backzeit: etwa 15 Min.

Insgesamt:
E: 81 g, F: 244 g, Kh: 577 g, kJ: 21064, kcal: 5033

Für den Knetteig:
- **125 g Weizenmehl**
- **1 Msp. Backpulver**
- **50 g abgezogene, gemahlene Mandeln**
- **75 g Zucker**
- **1 Pck. Vanillin-Zucker**
- **2 EL kaltes Wasser**
- **75 g Butter oder Margarine**

Für den Belag:
- **2 Blatt weiße Gelatine**
- **2 Pck. (je 125 g) Milchreis nach klassischer Art**
- **750 ml (3/4 l) Milch**
- **500 g Erdbeeren**
- **2 Pck. Tortenguss, rot**
- **4 EL Zucker**
- **500 ml (1/2 l) Wasser oder Apfelsaft**
- **400 ml Schlagsahne**
- **2 Pck. Vanillin-Zucker**
- **2 Pck. Sahnesteif**

Zum Verzieren und Garnieren:
- **100 g pürierte Erdbeeren**
- **150 g vorbereitete, ganze Erdbeeren**

1 Für den Teig Mehl mit Backpulver mischen und in eine Rührschüssel sieben. Restliche Zutaten hinzufügen und mit Handrührgerät mit Knethaken zunächst kurz auf niedrigster, dann auf höchster Stufe gut durcharbeiten.

2 Anschließend auf der bemehlten Arbeitsfläche zu einem glatten Teig verkneten. Sollte er kleben, ihn eine Zeit lang kalt stellen.

3 Teig auf einem Backblech (30 x 40 cm, gefettet, mit Backpapier belegt) zu einem Rechteck (28 x 30 cm) ausrollen, einen Backrahmen passend darumstellen und den Teig mehrmals mit einer Gabel einstechen. Das Backblech in den Backofen schieben.

Ober-/Unterhitze:
etwa 200 °C (vorgeheizt)
Heißluft: etwa 180 °C (vorgeheizt)
Gas: Stufe 3–4 (vorgeheizt)
Backzeit: etwa 15 Min.

4 Nach dem Backen Backrahmen vom Backblech lösen, Boden auf dem Backpapier vom Backblech ziehen und auf einem Kuchenrost erkalten lassen. Backrahmen säubern und wieder um den Boden stellen.

5 Für den Belag Gelatine nach Packungsanleitung einweichen. Beide Päckchen Milchreis zusammen nach Packungsanleitung, aber nur mit 750 ml (3/4 l) Milch zubereiten, die ausgedrückten Gelatineblätter unter den heißen Milchreis rühren und die Masse erkalten lassen.

6 Erdbeeren waschen, abtropfen lassen, entstielen, halbieren und mit der Schnittseite nach unten auf dem Boden verteilen. Tortenguss nach Packungsanleitung mit Zucker und Wasser zubereiten und über die Erdbeeren verteilen. Sahne mit Vanillin-Zucker und Sahnesteif steif schlagen und unter den völlig erkalteten Milchreis heben. Milchreismasse auf die Früchte geben und glatt streichen.

7 Zum Verzieren und Garnieren pürierte Erdbeeren in einen Gefrierbeutel füllen, eine kleine Ecke abschneiden und das Püree über den Milchreisbelag sprenkeln.

8 Restliche Erdbeeren halbieren, auf die Torte legen. Vor dem Servieren 1–2 Stunden kalt stellen.

Tipp:
Anstelle des Wassers kann für den Knetteigboden auch Sherry oder Weißwein verwendet werden.

Berliner Luft mit Dickmilch

Zubereitungszeit: 45 Min.
Backzeit: etwa 50 Min.

Insgesamt:
E: 125 g, F: 445 g, Kh: 692 g, kJ: 31866, kcal: 7611

Für den Rührteig:

- **200 g Butter oder Margarine**
- **200 g Zucker**
- **1 Pck. Bourbon-Vanille-Zucker**
- **6 Eigelb (Größe M)**
- **200 g Weizenmehl**
- **2 gestr. TL Backpulver**

Für den Belag:

- **6 Eiweiß (Größe M)**
- **150 g gehobelte oder gehackte Haselnusskerne**
- **50 g Zucker**

Für die Apfelfüllung:

- **1 kg Äpfel, z. B. Cox Orange**
- **150 ml Weißwein**
- **150 ml Apfelsaft**
- **50 g Zucker**
- **30 g Speisestärke**

Für die Dickmilchfüllung:

- **6 Blatt weiße Gelatine**
- **500 g Dickmilch**
- **30 g Zucker**
- **1 Pck. Finesse Geriebene Zitronenschale**
- **400 ml Schlagsahne**
- **gesiebter Puderzucker**
- **einige Baby-Äpfel (aus der Dose)**

1 Für den Teig Butter oder Margarine mit Handrührgerät mit Rührbesen auf höchster Stufe geschmeidig rühren, nach und nach Zucker und Vanille-Zucker unterrühren. So lange rühren, bis eine gebundene Masse entstanden ist. Eigelb nach und nach unterrühren. Mehl und Backpulver mischen und portionsweise kurz auf mittlerer Stufe unterrühren. Zwei Drittel des Teiges auf ein Backblech (30 x 40 cm, gefettet, mit Backpapier belegt) streichen. Restlichen Teig nur auf die Hälfte (also 20 x 30 cm) eines Backbleches (30 x 40 cm, gefettet, mit Backpapier belegt) streichen.

2 Für den Belag Eiweiß steif schlagen, Teig auf beiden Backblechen gleichmäßig damit bestreichen und mit Haselnusskernen und Zucker bestreuen. Backbleche nacheinander (bei Heißluft zusammen) in den Backofen schieben.

Ober-/Unterhitze:
etwa 180 °C (vorgeheizt)
Heißluft: etwa 160 °C (vorgeheizt)
Gas: Stufe 2–3 (vorgeheizt)
Backzeit: etwa 25 Min.
pro Backblech

3 Die große Gebäckplatte sofort nach dem Backen senkrecht halbieren, alle Platten mit dem Papier vom Backblech nehmen, mit einem langen Messer lösen und erkalten lassen.

4 Für die Apfelfüllung Äpfel schälen, vierteln, entkernen und in feine Würfel schneiden. Mit Wein, Saft und Zucker gar dünsten. Speisestärke mit etwas Wasser anrühren, zur Apfelmasse geben und kurz aufkochen lassen. Apfelmasse erkalten lassen.

5 Für die Dickmilchfüllung Gelatine nach Packungsanleitung einweichen. Dickmilch, Zucker und Zitronenschale verrühren. Gelatine ausdrücken, auflösen, mit etwas Dickmilchmasse verrühren und unter die restliche Dickmilchmasse rühren. Sobald die Masse beginnt dicklich zu werden, Sahne steif schlagen und unterheben.

6 Eine Gebäckplatte auf eine Tortenplatte legen und mit der Hälfte der Apfelmasse bestreichen, dann die Hälfte der Dickmilch-Sahne-Masse darauf streichen und mit der zweiten Gebäckplatte bedecken. Wiederum mit Apfelmasse und Dickmilch-Sahne-Masse bestreichen

(Fortsetzung Seite 148)

und mit der dritten Platte bedecken, leicht andrücken und etwa 2 Stunden kalt stellen.

7 Vor dem Servieren den Kuchen mit Hilfe eines elektrischen Messers in beliebige Stücke schneiden, mit Puderzucker bestreuen und mit Baby-Äpfeln garnieren.

Mandarinen-Quark-Schnitten

Zubereitungszeit: 35 Min.
Backzeit: etwa 15 Min.

Insgesamt:
E: 119 g, F: 165 g, Kh: 517 g, kJ: 17428, kcal: 4162

Für den Biskuitteig:

- **3 Eier (Größe M)**
- **3 EL heißes Wasser**
- **150 g Zucker**
- **1 Pck. Vanillin-Zucker**
- **100 g Weizenmehl**
- **50 g Speisestärke**
- **1 gestr. TL Backpulver**

Für die Füllung:

- **2 Dosen Mandarinen (Abtropfgewicht je 175 g)**
- **6 Blatt weiße Gelatine**
- **500 g Speisequark**
- **150 g Zucker**
- **1 Pck. Vanillin-Zucker**
- **1 Pck. Finesse Geriebene Zitronenschale**
- **2 EL Zitronensaft**
- **250 ml (1/4 l) Schlagsahne**

Zum Bestäuben:

- **etwas Puderzucker**

1 Für den Teig Eier und Wasser mit Handrührgerät mit Rührbesen auf höchster Stufe in 1 Minute schaumig schlagen. Zucker mit Vanillin-Zucker mischen, in 1 Minute einstreuen, dann noch etwa 2 Minuten schlagen.

2 Mehl, Speisestärke und Backpulver mischen, die Hälfte davon auf die Eiercreme sieben, kurz auf niedrigster Stufe unterrühren, den Rest des Mehlgemisches auf die gleiche Weise unterarbeiten. Den Teig auf ein gefettetes, mit Backpapier belegtes Backblech (30 x 40 cm) streichen. Das Papier unmittelbar vor dem Teig zu einer Falte knicken, so dass ein Rand entsteht. Das Backblech in den Backofen schieben.

Ober-/Unterhitze:
200–220 °C (vorgeheizt)
Heißluft: 180–200 °C (vorgeheizt)
Gas: etwa Stufe 4 (vorgeheizt)
Backzeit: 10–15 Min.

3 Den Biskuit nach dem Backen auf ein mit Zucker bestreutes Backpapier stürzen, Papier mit Wasser bestreichen und vorsichtig abziehen. Den Biskuit erkalten lassen und dann senkrecht halbieren, so dass 2 Platten (20 x 30 cm) entstehen.

4 Für die Füllung die Mandarinen auf einem Sieb abtropfen lassen, den Saft dabei auffangen und 100 ml davon abmessen. Gelatine nach Packungsanleitung einweichen.

5 Quark mit Zucker, Vanillin-Zucker, Zitronenschale und Zitronensaft verrühren. Den abgemessenen Mandarinensaft erhitzen. Gelatine ausdrücken, unter Rühren darin auflösen und unter den Quark rühren. Sobald die Quarkmasse beginnt dicklich zu werden, Sahne steif schlagen und mit den Mandarinen unterheben.

6 Die Füllung auf eine der Biskuithälften streichen, mit der anderen Hälfte bedecken (die Unterseite nach oben) und leicht andrücken. Die Seiten glatt streichen und das Gebäck 1–2 Stunden kalt stellen.

7 Zum Servieren das Gebäck mit Puderzucker bestäuben und in beliebig große Schnitten schneiden.

Buttermilchschnitten mit Kirschen

Zubereitungszeit: 40 Min., ohne Kühlzeit
Backzeit: etwa 15 Min.

Insgesamt:
E: 70 g, F: 253 g, Kh: 562 g, kJ: 20613, kcal: 4923

Für den Knetteig:

- **200 g Weizenmehl**
- **1 Msp. Backpulver**
- **75 g Zucker**
- **1 Pck. Vanillin-Zucker**
- **2 Eigelb (Größe M)**
- **2 EL kaltes Wasser**
- **100 g Butter oder Margarine**

Für den Belag:

- **10 Blatt weiße Gelatine**
- **500 ml (1/2 l) Buttermilch**
- **150 g Zucker**
- **2 Pck. Finesse Geriebene Zitronenschale**
- **500 ml (1/2 l) Schlagsahne**

Für das Kirschkompott:

- **100 g Zucker**
- **10 g Speisestärke**
- **100 ml Kirschsaft oder Wasser**
- **250 g vorbereitete, entsteinte Kirschen**

1 Für den Teig Mehl mit Backpulver mischen, in eine Rührschüssel sieben. Zucker, Vanillin-Zucker, Eigelb, Wasser und Butter oder Margarine hinzufügen. Die Zutaten mit Handrührgerät mit Knethaken zunächst kurz auf niedrigster, dann auf höchster Stufe gut durcharbeiten.

2 Anschließend auf einer bemehlten Arbeitsfläche zu einem glatten Teig verkneten. Sollte er kleben, ihn in Folie gewickelt eine Zeit lang kalt stellen.

3 Teig auf einem Backblech (30 x 40 cm, gefettet, mit Backpapier belegt) ausrollen. Das Backblech in den Backofen schieben.

Ober-/Unterhitze:
etwa 200 °C (vorgeheizt)
Heißluft: etwa 180 °C (vorgeheizt)
Gas: Stufe 3–4 (vorgeheizt)
Backzeit: etwa 15 Min.

4 Das Backblech nach dem Backen auf einen Kuchenrost stellen und den Knetteigboden erkalten lassen. Einen Backrahmen darumstellen.

5 Für den Belag Gelatine nach Packungsanleitung einweichen, ausdrücken und unter Rühren erwärmen (nicht kochen), bis die Gelatine völlig gelöst ist. Buttermilch und Zucker so lange rühren, bis der Zucker gelöst ist. Aufgelöste Gelatine und Zitronenschale unterrühren.

6 Sobald die Masse beginnt dicklich zu werden, Sahne steif schlagen und unterheben. Creme auf dem erkalteten Boden verteilen und glatt streichen. Mit einem Tortengarnierkamm ein Muster in die Oberfläche ziehen und den Kuchen 1-2 Stunden kalt stellen.

7 Für das Kompott Zucker mit Speisestärke mischen und mit etwas von dem Saft oder Wasser glatt rühren. Restlichen Saft mit Kirschen zum Kochen bringen, angerührte Speisestärke unter Rühren hinzufügen, kurz aufkochen und dann erkalten lassen.

8 Den Backrahmen vorsichtig lösen und entfernen. Den Kuchen in Stücke schneiden, etwas Kompott auf jede Schnitte geben und leicht gekühlt servieren.

Leichte Blätterteig-Erdbeer-Schnitten

Zubereitungszeit: 40 Min.
Backzeit: etwa 15 Min.

Insgesamt:
E: 57 g, F: 217 g, Kh: 397 g, kJ: 16050, kcal: 3840

- **1 Pck. (450 g) TK-Blätterteig**

Für die Füllung:

- **500 g Erdbeeren**
- **1 Pck. Finesse Bourbon-Vanille-Aroma**
- **100 g Zucker**
- **8 Blatt weiße Gelatine**
- **300 g Naturjoghurt**
- **250 ml (1/4 l) Schlagsahne**

Für den Guss:

- **100 g gesiebter Puderzucker**
- **2 EL Zitronensaft**

1 Für den Teig Blätterteigplatten zugedeckt nebeneneinander bei Zimmertemperatur auftauen lassen.

2 Teigscheiben aufeinander legen und auf einer bemehlten Arbeitsfläche zu einem Rechteck 25 x 40 cm ausrollen. Teigplatte in der Mitte halbieren, beide Platten auf ein mit kaltem Wasser abgespültes Backblech legen. Backblech in den Backofen schieben.

Ober-/Unterhitze: etwa 200 °C (vorgeheizt)
Heißluft: etwa 180 °C (vorgeheizt)
Gas: Stufe 3–4 (vorgeheizt)
Backzeit: etwa 15 Min.

3 Gebäck sofort vom Backblech lösen und auf einem Kuchenrost erkalten lassen.

4 Für die Füllung Erdbeeren waschen, abtropfen lassen und entstielen. Eine Hälfte der Erdbeeren pürieren, die andere Hälfte je nach Größe halbieren oder vierteln. Erdbeerpüree mit Aroma und Zucker verrühren.

5 Gelatine nach Packungsanleitung einweichen. Joghurt in eine Schüssel geben, Gelatine auflösen, mit etwas von dem Joghurt verrühren, dann unter den restlichen Joghurt rühren. Erdbeerpüree (2 Esslöffel davon beiseite stellen) unterrühren. Masse kalt stellen.

6 Wenn die Masse anfängt dicklich zu werden, Sahne steif schlagen und unterheben. Erdbeerstücke unterheben. Masse so lange kalt stellen, bis sie fast schnittfest ist.

7 Die Masse auf eine Gebäckplatte streichen und mit der zweiten Gebäckplatte belegen.

8 Für den Guss Puderzucker mit Zitronensaft zu einem dickflüssigen Guss verrühren, die Gebäckplatte damit bestreichen. Restliches Erdbeerpüree darauf verteilen und mit einem Holzstäbchen marmorieren. Gebäck kalt stellen. Vor dem Servieren in schmale Streifen schneiden.

Tipp:
Am gleichen Tag servieren.

Ratgeber

Löffelbiskuits oder Kekse zerkleinern

Löffelbiskuits, Kekse o. ä. zum Zerkleinern in einen Gefrierbeutel füllen, den Beutel verschließen und mit einer Teigrolle darüber rollen, bis die Brösel klein genug sind. So werden die Brösel nicht überall verstreut.

Biskuitböden teilen

Ein Tortenboden lässt sich zum Füllen entweder mit einem langen Sägemesser (Tortenmesser) oder mit einem Zwirnsfaden teilen. Dafür den Tortenboden zuerst in der entsprechenden Höhe mit einem spitzen Messer rundherum einschneiden. Zwirnsfaden in den Einschnitt legen, die beiden vorderen Enden über Kreuz legen und kräftig anziehen.
So wird der Tortenboden sauber geteilt.

Gelatineverwendung

Gelatine gibt es in Rot oder Weiß, sowohl in gemahlener als auch in Blatt-Form. 6 Blatt Gelatine entsprechen einem Päckchen gemahlener Gelatine. Blattgelatine wird zu 100 % aus Schwein gewonnen.

Blattgelatine in kaltem Wasser etwa 5 Minuten einweichen. Gemahlene Gelatine mit 4 Esslöffeln kaltem Wasser, Saft oder Alkohol (je nach Rezept) in einem kleinen Topf anrühren.

Gequollene Blattgelatine ausdrücken, tropfnass in einem kleinen Topf (am besten im Wasserbad) bei schwacher Hitze auflösen. Gequollene, gemahlene Gelatine unter Rühren bei schwacher Hitze ebenso auflösen.

Beim Festigen von kalten Flüssigkeiten etwas von der zu festigenden Flüssigkeit zur Gelatinelösung geben und verrühren (Temperaturausgleich). Dann erst die Mischung unter Rühren (am besten mit einem Schneebesen)

zur übrigen Flüssigkeit geben. Ohne Temperaturausgleich kann eine warme Gelatinelösung in Verbindung mit zu kalter Flüssigkeit Klümpchen bilden.

Oder die Flüssigkeit erwärmen (nicht kochen) und die gequollene Gelatine unter Rühren darin auflösen. Dies bietet sich an, wenn die zu festigende Flüssigkeitsmenge sehr gering ist.

Um Schlagsahne zu festigen, die Schlagsahne in einer gekühlten Schüssel fast ganz steif schlagen. Aufgelöste Gelatine auf einmal zur Schlagsahne geben (auf einen Punkt geben, nicht verteilen) und sofort verrühren.
Dann die Sahne vollkommen steif schlagen. Die Gelatinesahne ist sofort verwendungsfähig.

Oder die Gelatine mit Flüssigkeit oder Milchprodukten (je nach Rezept) wie oben angegeben mit Temperaturausgleich mischen. Wenn die Mischung beginnt dicklich zu werden (geliert), Sahne ganz steif schlagen und unterheben. So hat die Sahnecreme gleich die richtige Konsistenz, um weiterverarbeitet zu werden.

Die Torte 2–3 Stunden in den Kühlschrank stellen. Wird die Torte in kühle Räume (z. B. Keller) gestellt, dauert das Festigen länger.

Zitrusfrüchte filetieren

Zum Filetieren die Schale der Orange, Grapefruit oder Zitrone so dick mit einem scharfen Messer abschälen oder abschneiden, dass auch die weiße Haut ganz entfernt wird. Dann das Fruchtfleisch mit einem scharfen Messer von einer Trennhautseite abschneiden und von der anderen Seite abziehen oder auch abschneiden, so dass die Trennhäute stehen bleiben. Dabei den Saft in einer Schüssel auffangen und evtl. für das Rezept mitverwenden.

Kapitelregister

Kalte Köstlichkeiten

Hits für Kids

Torten mit Schwips

Kapitelregister

Frische Früchtchen

Schnelle Zaubereien

Sommerliches vom Blech

Alphabetisches Register

Alphabetisches Register

In der Reihe „Modetorten“ sind bisher außerdem erschienen: *Modetorten, Noch mehr Modetorten, Modetorten ohne zu backen, Modekuchen vom Blech, Modekuchen blitzschnell* und *Modetorten zum Verschenken.* Sie erhalten diese Bücher in jeder guten Buchhandlung.

Umwelthinweis

Dieses Buch und der Einband wurden auf chlorfrei gebleichtem Papier gedruckt. Die Einschrumpffolie – zum Schutz vor Verschmutzung – ist aus umweltfreundlichem und recyclingfähigem PE-Material.

Wenn Sie Anregungen, Vorschläge oder Fragen zu unseren Büchern haben, rufen Sie uns unter folgender Nummer an (05 21) 155 25 80 oder 52 06 51 oder schreiben Sie uns:
Dr. Oetker Verlag KG, Am Bach 11, 33602 Bielefeld.

Bei den in diesem Buch verwendeten Rezeptnamen handelt es sich zum Teil um eingetragene Marken.

Wir danken für die freundliche Unterstützung

Griesson – de Beukelaer GmbH & Co. KG, Polch
Koopmans Backspezialitäten GmbH, Essen
MARS GmbH, Viersen
Kraft Foods Deutschland GmbH & Co. KG, Bremen
Molkerei Alois Müller GmbH & Co, Aretsried
Nestlé Deutschland AG, Frankfurt/Main
August Storck KG, Berlin

Redaktion Sabine Puppe

Titelfotos Thomas Diercks, Hamburg

Innenfotos Thomas Diercks, Hamburg
Kramp & Gölling, Hamburg
Bernd Lippert, Bielefeld
Dr. Oetker GmbH, A-Villach
Norbert Toelle, Bielefeld
Brigitte Wegner, Bielefeld

Rezeptentwicklung und -beratung Sabine Lange, Oetzen

Grafisches Konzept Björn Carstensen, Hamburg
Gestaltung MDH Haselhorst, Bielefeld
Titelgestaltung Kontur-Design, Bielefeld

Reproduktionen MOHN Media Mohndruck GmbH, Gütersloh
Satz JUNFERMANN Druck & Service, Paderborn
Druck und Bindung MOHN Media Mohndruck GmbH, Gütersloh

ISBN 3-7670-0491-7